MERIAN *live!*

Seoul

Peter Messingfeld ist ein ausgewiesener Fan und Freund der Stadt. Seit 2004 hat er Seoul mehrfach intensiv bereist und bereits einen Kulturführer über die koreanische Megametropole verfasst.

Marcus Pfeiffer ist Journalist, Marketing Professional und Weltentdecker. Für ein halbes Jahr hat er in Seoul gelebt und gearbeitet. Ihn fasziniert die Dynamik der Stadt – hier ist alles »Pali Pali«.

Familientipps

Diese Unterkünfte haben behindertengerechte Zimmer

In diesen Unterkünften sind Hunde erlaubt

Preise für ein Doppelzimmer mit Frühstück:

€€€€ ab 280 € €€ ab 70 €
€€€ ab 140 € € bis 70 €

Preise für ein Menü ohne Getränke:

€€€€ ab 28 € €€ ab 7 €
€€€ ab 18 € € bis 7 €

Inhalt

◂ Bunte Lampions zieren den Bongeunsa-Tempel (▸ S. 51) im Stadtteil Gangnam.

Die Koordinaten im Text verweisen auf die Karten, z. B. ▸ S. 116, B 3.

Willkommen in Seoul – der Stadt, in der die Zukunft schon Gegenwart ist, die Vergangenheit aber nicht in Vergessenheit gerät.

Es ist sechs Uhr morgens, die 54-jährige Eun Hye Kim joggt noch schnell auf den 260 m hohen Berg Namsan, um danach fit in ihren langen Arbeitstag zu starten. Einige Stunden später und einige Kilometer entfernt hat sich eine Gruppe von Rentnern versammelt, um den 160 m hohen Bonghwasan zu erklimmen. Hier wird nicht gejoggt, aber das Tempo ist deutlich höher, als man es von Senioren erwarten würde. Der Aufstieg durch Schatten spendenden Wald dient der Gesundheit, oben angekommen kann man sich der Muße hingeben. Einige genießen das traditionelle Brettspiel Jang-gi, andere meditieren in einem Tempel oder lassen lediglich den Blick über die Stadt schweifen.

Tief unten glitzert der Fluss Hangang, der Seoul von Ost nach West durchquert. Nur Blätterrauschen und Vogelgezwitscher unterbrechen die Stille. Den Lärm der 24-Stunden-Metropole kann man hier oben nicht wahrnehmen. Die Stadt ist durchzogen von diesen Oasen der Ruhe, die einen Gegenpol zu dem geschäftigen und immer in Eile befindlichen Alltagsleben bieten. Dies ist nur einer der zahlreichen Gegensätze, mit der die auf engstem Raum erbaute 11-Mio.-Kapitale verblüfft.

Seoul – die unbekannte Seele Asiens hält viele weitere Überraschungen

◂ Traditioneller Fächertanz auf dem Naminsa-Platz in Insa-dong (▸ S. 32).

bereit, die eine Entdeckungsreise zu einem lohnenswerten Erlebnis werden lassen. Westlicher Standard und Komfort zu erschwinglichen Preisen, exotisches Flair, geschäftige Märkte, unzählige historische Kulturschätze und ein buntes Nachtleben machen diese Stadt für den Besucher zu einem einmaligen Abenteuer.

Sicher in der Millionenmetropole

Beim Blick auf die Landkarte wird klar, dass die Grenze zu Nordkorea nur ungefähr 45 km entfernt ist. Im täglichen Leben spielt dies allerdings keine Rolle. Im Gegenteil: Im Stadtbild sind nur in der Nähe von Botschaften und dem »Blauen Haus«, dem Regierungssitz, Polizisten zu entdecken. Mehr ist auch nicht nötig: Seoul ist die wahrscheinlich sicherste Millionenmetropole weltweit. Hier muss man nicht ständig um seine Brieftasche fürchten oder um seine Kamera bangen. Auffallend ist auch die Sauberkeit. Als Tourist kann man sich ganz gelassen und entspannt dieser abenteuerlichen Stadt hingeben.

Die teilweise über 600 Jahre alten Königspaläste entführen in eine ferne und fremde Zeit, nur einige Schritte weiter begeistert aktuellste Technik. Moderne Museen bieten Kunst aller Stilrichtungen auf Weltklasseniveau, und die Theaterlandschaft braucht keinen Vergleich mit anderen Metropolen zu scheuen. Der Besuch einer Aufführung mit traditionellen darstellenden Künsten ist ein Highlight jedes Seoul-Besuchs. Das bekommt man in dieser Authentizität außerhalb Koreas nur sehr selten zu sehen. Spätestens seit »Gangnam Style« ist auch die koreanische Popmusik bei uns ein Begriff. Hier kann man die Stars und Sternchen der Hallyu-Welle live erleben – z. B. jeden Abend auf den Bühnen vor den großen Modekaufhäusern des Dongdaemun-Marktes.

Neue Eindrücke hinter jeder Ecke

Für den Urlaubsgast ist Seoul nicht nur die Summe seiner vielen Hundert Sehenswürdigkeiten, Museen, Galerien, Theater und Parks. Eigentlich ist die ganze Stadt eine einzige Sehenswürdigkeit. Insbesondere im ursprünglichen Stadtkern, früher von einer 18,6 km langen Mauer umgeben, ist der Geist vergangener Zeiten noch immer spürbar. Hinter jeder Ecke, in jeder Gasse gibt es etwas Neues zu entdecken. Nicht nur das Auge wird dabei mit neuen Eindrücken gefüttert; die Ohren bekommen unbekannte Töne und fremde Klänge zu hören, und die Nase wird durch die unzähligen Garküchen mit einem Potpourri exotischer Gerüche verwöhnt. All dies verbindet sich zu einer lang anhaltenden Erinnerung.

Ein Erlebnis ganz besonderer Art sind die Märkte. Hier sollte man sich auch in die schmalen, kaum erkennbaren Gassen und Durchgänge trauen. Teilweise fühlt man sich bereits nach wenigen Schritten um 100 Jahre in der Zeit zurückversetzt. Überhaupt ist das Leben in Seoul durch den Gegensatz zwischen der weiterhin gelebten, überwiegend konfuzianischen Tradition und hochmoderner Technik geprägt. In Seoul vergeht kein Tag, an dem man nicht etwas Neues oder Überraschendes erlebt.

MERIAN-TopTen

MERIAN zeigt Ihnen die Höhepunkte der Stadt: Das sollten Sie sich bei Ihrem Besuch in Seoul nicht entgehen lassen.

1 **Namdaemun-Markt**
Der mehr als 600 Jahre alte Markt ist auch heute noch ein wichtiger Umschlagplatz für Produkte des täglichen Lebens (▸ S. 33).

2 **Gangnam**
Angesagtes Stadtviertel, das durch den Rapper Psy weltweit bekannt wurde (▸ S. 37).

3 **Bongeunsa-Tempel**
Einfach zu erreichender, 1395 gegründeter buddhistischer Tempel mitten im Zentrum (▸ S. 51).

4 **Bukchon-Hanok-Dorf**
Historisches Stadtviertel mit rund 300 original erhaltenen oder renovierten Gebäuden und Residenzen (▸ S. 52).

5 **Bukhansan-Nationalpark**
Teilweise noch im Stadtgebiet liegender, gebirgiger Nationalpark mit malerischen Klöstern (▸ S. 52, 89).

6 **Cheonggyecheon**
Grüngürtel am Fluss quer durchs Herz des alten Seoul. Tagsüber Pausentreff der Angestellten, abends locken Lichtspiele (▸ S. 54, 84).

7 **Gyeongbokgung-Palast**
Wichtigster Regierungssitz der Joseon-Dynastie. Mehrmals zerstört und zweckentfremdet, ist er heute weitgehend restauriert (▸ S. 60, 87).

8 **N Seoul Tower**
Vom Fernsehturm mitten in der Stadt bietet sich besonders nachts ein eindrucksvoller Rundumblick (▸ S. 70).

9 **Sungnyemun-Tor**
Nach einem Brand im Jahr 2008 wurde das 1395 erbaute südliche Stadttor inzwischen originalgetreu wiederhergestellt (▸ S. 71).

10 **DMZ**
In der entmilitarisierten Zone treffen Nord- und Südkorea hautnah aufeinander. Gäste können das beklemmende Szenario miterleben (▸ S. 94).

MERIAN-Tipps Mit MERIAN mehr erleben.

Nehmen Sie teil am Leben der Stadt und entdecken Sie Seoul, wie es nur Einheimische kennen.

1 Koreanisches BBQ
Grillen Sie Ihr frisches Fleisch direkt am Tisch. Dazu gibt es Gemüse, frischen Salat und pikante Soßen (▸ S. 18).

2 Koreahaus
Speisen Sie wie ein König der Joseon-Dynastie in fürstlichem Ambiente, umrahmt von traditioneller Musik und Folkloredarbietungen (▸ S. 21).

3 Seoul Yangnyeongsi
Ein riesiger Kräutermarkt mit 1000 Verkaufsständen, traditionellen Kliniken und Kräuterapotheken (▸ S. 33).

4 Technologie-Flagshipstores
Heute erleben, was morgen Stand der Technik ist? Schauen Sie bei Samsung oder SK vorbei (▸ S. 34).

5 Beim »Noraebang« den richtigen Ton treffen
Singen, klatschen, trommeln: Noraebang ist koreanisches Karaoke – ein Volkssport, der richtig Spaß macht (▸ S. 38).

6 Regenbogenfontänen an der Banpo-Brücke
Von April bis Oktober tanzen an jedem Abend die Wasserfontänen zur Musik (▸ S. 41).

7 **Ein Jimjilbang ausprobieren**
Ein erfrischend-heilsames Erlebnis: Erst schwitzen Sie sich in der Sauna aus, dann nächtigen Sie dort (▸ S. 57).

8 **Munmyo-Schrein**
Im Rahmen dieses konfuzianischen Heiligtums finden oft prunkvolle traditionelle Hochzeiten statt (▸ S. 69).

9 **Wongudan-Altar**
Inmitten der Großstadt eine ruhige, versteckt liegende historische Stätte, an der 1897 das Kaiserreich Korea ausgerufen wurde (▸ S. 72).

10 **König-Sejong-Museum**
Hinter dem unscheinbaren Eingang verbirgt sich eines der attraktivsten Museen Seouls. Erleben Sie dort wichtige Stationen der koreanischen Geschichte (▸ S. 79).

Auf dem Platz vor dem Eingang zum Deoksugung-Palast (▸ S. 57) kann man die regelmäßig stattfindende Wachwechselzeremonie hautnah miterleben.

Zu Gast **in Seoul**

Jeden Tag ein Abenteuer erleben – ohne auf Komfort zu verzichten. Seoul bietet für jede Altersklasse ein umfangreiches Angebot aus Tradition und Moderne, Kunst und Kultur, Parks und Architektur.

Übernachten

Ob Hotels mit internationalem Standard, traditionelle Unterkünfte oder Privatzimmer – überall sorgt die koreanische Gastlichkeit, eine der traditionellen Tugenden, für Ihr Wohlergehen.

◂ Stilvolle Eleganz im Lotte World Hotel (▸ S. 14). Das Haus beherbergt einen riesigen Indoor-Unterhaltungskomplex.

Traditionell schläft man in Korea auf Schlafmatten, die tagsüber platzsparend verstaut und abends ausgerollt werden. Einige Hotels bieten einzelne Zimmer mit dieser traditionellen Ausstattung an, üblich sind jedoch normale Betten. Selbst die preiswertesten Unterkünfte haben standardmäßig kostenlosen Internetzugang. In Seoul sind praktisch alle internationalen Hotelketten vertreten. Teilweise lassen sich diese Hotels über die jeweilige deutsche Internetseite buchen (z. B. www.hilton.de, www.grand.hyatt.de, www.sheraton.de). Neben den Häusern der Oberklasse verfügt Seoul über Hotelunterkünfte in allen Preiskategorien. Eine deutschsprachige Internetsuche und -buchung ist über www.hoteltravel.com/de/south korea/seoul/hotels.htm und andere einschlägige Portale möglich. Vor Ort in Seoul gibt es zu allen touristischen Fragen Hilfestellung in englischer Sprache, einschließlich Suche und Buchung von Unterkünften, im Touristeninformationszentrum der KNTO, der nationalen Tourismusorganisation: Jung-gu, Untergeschoss, Cheonggyecheon-ro 40, 10 Da-dong • Tel. 7299-497 • U-Bahn: Jonggak (Linie 1), Ausgang 5 • tgl. 9–20 Uhr ▸ S. 117, D 3

Mit Familienanschluss

Angeregt durch die koreanische Tourismusorganisation bieten Familien ein oder mehrere Zimmer in ihrer Wohnung als Privatunterkunft an. Zu einem günstigen Preis bekommt man auf diese Weise eine einfache Unterkunft mit der Möglichkeit, das alltägliche Leben kennenzulernen; Buchung unter www.koreastay.or.kr. Im historischen Stadtteil Bukchon gibt es die Möglichkeit, in traditionellen Hanok-Häusern im koreanischen Stil (auf Schlafmatten) zu übernachten. Üblicherweise sind die Zimmer klein, Bad, Dusche und Toilette werden gemeinsam genutzt.

Preise für ein Doppelzimmer mit Frühstück:

€€€€ ab 280 € | €€ ab 70 €
€€€ ab 140 € | € bis 70 €

HOTELS €€€€

The Park Hyatt Seoul
▸ Klappe vorne, f 4

Mit Seele und Design • Zentral in Gangnam nahe des COEX gelegen, wartet das Park Hyatt auf seinen 24 Stockwerken mit einer unvergleichlichen Mischung aus modernem Luxus und urbanem Design auf. Das Hauptrestaurant ist auf Meeresfrüchte und Fleisch spezialisiert.
Gangnam-gu • 606, Teheran-ro • U-Bahn: Samseong (Linie 2), Ausgang 1 • Tel. 20 16 12 34 • http://seoul.park.hyatt.com • 185 Zimmer • €€€€

The Shilla Seoul ▸ S. 123, E 15

Leading Hotel of the World • Eine der besten Adressen von Seoul: Hier übernachten Wirtschaftsführer, Stars und Spitzenpolitiker. Die Zimmer sind hell und modern ausgestattet. Besonderes Highlight ist die Lounge – eine Mischung aus Wohnzimmer, Bücherei und Jazzbar. Zum Shilla gehören ein Einkaufszentrum, ein Spa sowie ein Indoor-Golfzentrum.
Jung-gu • 249, Dongho-ro • U-Bahn: Dongguk Univ. (Linie 3), Ausgang 6 • Tel. 22 33 31 31 • www.shilla.net • 463 Zimmer • €€€€

HOTELS €€€

JW Marriott Seoul

▶ Klappe vorne, d 5

City-Hotel • Zentral am Expressbus-Terminal nahe des Hangang-Flusses befindet sich das JW Marriott. Die Gäste schätzen vor allem die direkte U-Bahnanbindung, mit der sich sämtliche Innenstadtziele schnell erreichen lassen. Gelobt werden auch das Frühstücksbuffet, die Executive-Etage und die Sportangebote.

Seocho-gu • 176, Sinbanpo-ro • U-Bahn: Express Bus Terminal (Linie 3, 7, 9), Ausgang 7 • Tel. 62 82 62 62 • www.marriott.de/hotels/travel/seljw-jw-marriott-hotel-seoul • 497 Zimmer • ♿ • €€€

Lotte World

▶ Klappe vorne, östl. f 4

Superlatives Haus mit Freizeitpark • Das Fünf-Sterne-Businesshotel liegt nicht nur innenstadtnah, sondern auch direkt am riesigen Indoor-Freizeitpark Lotte World (▶ S. 47). Alle Räume bieten Aussicht auf den Seokchon-See in Jamsil. Mit Spa, Pool, Indoor-Golf und einem 2,5 m langen Laufkurs in direkter Umgebung.

Songpa-gu • Jamsil • 240, Olympic-ro • U-Bahn: Jamsil (Linie 2, 8), Ausgang 3 • Tel. 4 11 77 77 • www.lottehotel.com/world/en • 470 Zimmer • €€€

The Classic 500

▶ Klappe vorne, f 3

Businesshotel mit Prestige • Hier setzt man auf Premium, Qualität und Service. Selbst die hell gehaltenen Deluxe-Zimmer haben eine Größe von 51 qm. Holz und moderne Formen dominieren die Suiten. Das Haus liegt aber etwas außerhalb.

Gwanjin-gu • 92, Neungdong-ro • U-Bahn: Konkuk Univ. (Linie 2, 7), Ausgang 3 • Tel. 22 18 50 00 • http://theclassic500.com/eng • 447 Zimmer • €€€

HOTELS €€

Hotel Icon

▶ S. 117, F 1

Im kulturellen Zentrum • Die Paläste von Insa-dong (Gyeongbokgung, Unhyeongung) und das Bukchon-Hanok-Dorf sind nur fünf Gehminuten vom Hotel Icon entfernt. Auch der Markt Namdaemun und die Einkaufsstraßen von Myeongdong liegen in Laufweite. Die Zimmer sind hell, einfach und mit Flachbildschirm ausgestattet. Von der Cafeteria auf dem Dach im neunten Stock können Sie den Sonnenuntergang über der Innenstadt erleben.

Jongno-gu • 20, Samil-daero 32ga-gil • U-Bahn: Anguk (Linie 3), Ausgang 4 • Tel. 7 66 34 38 • www.hotelicon.co.kr/eng/main.php • 40 Zimmer • €€

Ibis Ambassador Seoul Myeondong

▶ S. 117, D 4

Ausgangspunkt fürs Sightseeing • Direkt im Einkaufsbezirk Myeongdong, umgeben von großen Einkaufszentren, Restaurants, Cafés und Nachtclubs, liegt das Hotel. Die Räume sind warm eingerichtet. Probieren Sie doch statt eines Zimmers ein koreanisches Ondol aus: Hier schlafen Sie auf dem geheizten Boden.

Jung-gu • 78, Namdaemun-ro • U-Bahn: Euljiro 1 (il)ga (Linie 2), Ausgang 3 • Tel. 63 61 88 88 • www.accorhotels.com/gb/hotel-6317-ibis-ambassador-seoul-myeongdong/index.shtml • 280 Zimmer • €€

Mercure Seoul Ambassador Gangnam

▶ Klappe vorne, e 4

Businesshotel mittlerer Größe • Im Herzen des Geschäfts- und En-

tertainmentviertels von Gangnam finden Sie das Mercure Hotel. Die modernen Räume verfügen teilweise über einen Balkon. Mit Pool, Fitnesscenter und Minigolfanlage.
Gangnam-gu • 10, Teheran-ro 25-gil • U-Bahn: Yeoksam (Linie 2), Ausgang 4 oder 5 • Tel. 20 50 60 00 • www.accorhotels.com/gb/hotel-8594-mercure-seoul-ambassador-gangnam-sodowe/index.shtml • 288 Zimmer • €€

HOTELS €

Banana Backpackers ▸ S. 117, F 1

Gutes Preis-Leistungs-Verhältnis • Das Banana Backpackers Hostel ist zentral gelegen, nur wenige Minuten von den Palästen von Insa-dong entfernt. Mit voll ausgestatteter Küche, Kaffee und Tee sind gratis.
Jongno-gu • 63, Donhwamun-ro 11na-gil • U-Bahn: Anguk (Linie 3), Ausgang 4 • Tel. 36 72 19 73 • www.bananabackpackers.com • 29 Zimmer • €

Kimchee Gangnam Guesthouse ▸ Klappe vorne, e 4

Hostel mit Herz • Das Kimchee Gangnam Guesthouse überzeugt mit Freundlichkeit und Lebendigkeit. Es ist ideal für junge Reisende, Budgettraveller oder als Startunterkunft für ein Auslandspraktikum. Das Personal hat immer ein offenes Ohr und einen guten Tipp parat. Treffpunkt und Frühstücksraum ist die große Wohnküche im Keller. Kimchee ist eine Kette und besitzt noch weitere Hostels in Seoul.
Gangnam-gu • 23, Seolleung-ro 133-gil • U-Bahn: Gangnam-gu Office (Linie 7, Bundang-Linie), Ausgang 3 • Tel. 5 18 66 96 • www.kimcheeguesthouse.com/gangnam • 56 Zimmer • €

HANOK-UNTERKÜNFTE IN BUKCHON

Rak-Ko-Jae ▸ Klappe vorne, c 1

Exklusives Hanok • Vom Meisterzimmerman Young Jin Chung im Jahr 2003 handwerklich renoviert, bietet Rak-Ko-Jae eine traditionelle Unterkunft im fürstlichen Stil. Die Gäste können in der Gelbschlamm-Sauna oder im Garten mit Pavillon entspannen. Frühstück (wahlweise koreanisch oder kontinental) ist im Preis inbegriffen. Auf Wunsch werden Kulturprogramme vermittelt.
Jongno-gu • 49-23, Gyedong-gil • U-Bahn: Anguk (Linie 3), Ausgang 2 • Haltestelle Incheon Flughafenbus No. 6011 • http://rkj.co.kr • 5 Zimmer • €€€

Sophia Guest House

▸ Klappe vorne, c 1

Traditionelles Haus • Frau Sophia betreibt zusammen mit ihrer Mutter zwei preiswerte Gästehäuser mit moderner Ausstattung in familiärer Atmosphäre am Rand des Bukchon Viertels. Nur wenige Minuten vom Gyeongbokgung-Palast und der Touristenmeile Insadong-gil entfernt. Frühstück mit Suppe, Ei, Toast, Aufstrich und Obst im Preis inbegriffen. Tee und Kaffee ständig verfügbar.
Jongno-gu • 74-11, Yulgok-ro 1-gil • U-Bahn: Anguk (Linie 3), Ausgang 1, Haltestelle Incheon Flughafenbus No. 6011 • Tel. 7 20 72 20 • www.sophiagh.com • 12 Zimmer • €

WUSSTEN SIE, DASS …

… es in allen Cafés und öffentlichen Gebäuden Gratis-WLAN gibt? Entweder ist der Zugang frei oder man erhält das Passwort auf Nachfrage. Für einen Kurztrip braucht man keine koreanische SIM-Karte.

Essen und Trinken

Exotisch, frisch, gesund und lecker – ein Genuss für alle Sinne. Seoul ist ein lukullisches Paradies, und nicht wenige bezeichnen Korea auch als das »Frankreich Asiens«.

◂ Weißes Kimchi, Rettich-Kimchi, Spinat mit Sesamsamen und Aubergine mit Knoblauch im Bamboo House (▸ S. 19).

Unzählige Gemüsesorten und Meeresfrüchte, auf die verschiedensten Arten raffiniert zubereitet und mit vielfältigen Gewürzen abgeschmeckt, ergeben nicht nur ein schmackhaftes, sondern auch gesundes, kalorien- und fettarmes Essen. Für den Koreaner versorgt die koreanische Küche »Hansik« nicht nur den Körper mit Energie, sondern gibt auch Kraft für Geist und Seele. Nach traditioneller Überzeugung ist die richtige Ernährung für das seelische und körperliche Wohlbefinden äußerst wichtig.

Kimchi ist immer dabei

Die Grundbestandteile einer jeden Mahlzeit, gleichgültig ob Frühstück, Mittag- oder Abendessen, sind Suppe und Reis. Die Suppe ist meist eine klare Brühe, oft mit Einlagen wie Bohnenkeimlingen, Tofu oder anderem. Daneben ist »Kimchi« der dritte unerlässliche Teil einer koreanischen Mahlzeit, ergänzt durch weitere Beilagen wie unterschiedlichste Gemüse-, Fisch- oder Fleischzubereitungen. Alles wird gleichzeitig gegessen – entweder direkt aus den Servierschüsseln, oder man legt sich eine kleine Portion auf seine Reisschale. Das Besteck besteht aus einem Löffel für die Suppe und den Reis sowie zwei Metallstäbchen für die festeren Bestandteile des Gerichts. Ein Messer wird nicht benötigt, da in der Regel bereits alles mundgerecht zubereitet wurde. Muss doch etwas zerkleinert werden, z. B. Grillfleisch, wird eine Schere bereitgelegt.
Viele koreanische Speisen sind recht scharf und – je nach Veranlagung – gewöhnungsbedürftig. In diesem Fall kann man sich überwiegend an den immer vorhandenen, mild gewürzten Beilagen bedienen. Es gibt aber auch eine reichhaltige Auswahl an Gerichten wie »Galbi«, »Bulgogi«, »Bibimbap« oder »Samgyeobsal«, die dem westlichen Geschmack entgegenkommen. Zu jeder Mahlzeit wird kostenlos Wasser bereitgestellt. Man kann andere Getränke mit dem Essen bestellen, muss aber nicht.
Gegessen wird, auf der Erde sitzend, von niedrigen Tischen. Dementsprechend sind auch die Restaurants eingerichtet. Inzwischen bieten sehr viele Gaststätten aber auch normale Tische und Stühle. Zu jedem Platz gehört fast immer ein kleiner Ofen, entweder in den Tisch eingelassen oder als separater Brenner, auf dem das Essen warm gehalten bzw. sehr oft sogar frisch zubereitet wird.
Die meisten Restaurants haben sich auf eine bestimmte Art von Mahlzeit spezialisiert. So gibt es in einem Lokal nur Nudelgerichte, in einem anderen Eintöpfe und im nächsten Gegrilltes. Für Sprachunkundige ist es sehr hilfreich, dass die verschiedenen angebotenen Speisen in großen Fotografien, meist direkt mit Preisangabe, vorgestellt werden. So kann man sich bereits vor dem Betreten das passende Lokal und das bevorzugte Gericht aussuchen.

Getränke

Grüner Tee kam erstmals während der Silla-Dynastie, zur Zeit von Königin Seondeok (632–647 n. Chr.), nach Korea. Buddhistische Mönche nutzten ihn zur Geistesbildung, und während der Goryeo-Ära (918–1392 n. Chr.), zur Blütezeit des koreanischen Buddhismus, entstand »Da-

do«, eine Anleitung zum richtigen Zubereiten, Servieren und Trinken des Tees. Im Touristengebiet Insadong befinden sich eine Reihe von Teehäusern mit individueller und antiker Einrichtung, in denen die Kultur des Teetrinkens zelebriert wird.
»Soju«, das Bier des Koreaners, ist das beliebteste alkoholische Getränk. In den letzten Jahren wird es jedoch immer öfter durch das Modegetränk »Makgeolli«, einem milchigen Reiswein, abgelöst.

Straßenimbiss

Neben einer traditionellen Mahlzeit greift der fast immer in Eile befindliche Koreaner auch gerne einmal zu einem Imbiss. Überall verlockt eine riesige Vielfalt kostengünstiger Snacks zu einer Kostprobe. Sehr oft wird dabei von kleinen, aufgeklappten Lastwagen, den »Pojangmacha«, serviert. Hin und wieder, besonders auf den Märkten, findet man auch Zeltimbisse, in denen die Anwohner und Gewerbetreibenden gerne eine Pause einlegen. Die an Ministänden in Pappbechern verkauften winzigen Muscheln (zum Aussaugen) sind nun gewiss nicht jedermanns Sache, und auch die lecker schmeckenden Seidenpuppenraupen verlangen aufgrund ihres üblen Geruchs viel Überwindung, bevor man zugreift. Demgegenüber entspricht das in Karpfen- oder Blumenform angebotene Gebäck (»Bungohbbang« bzw. »Gukhwabbang«) mit einer Füllung aus süßer Bohnenpaste schon eher dem westlichen Geschmack.
Viele Snacks – wie etwa »Sundae«, »Tteokbokgi«, »Twigim« oder »Jeon« – werden auch als komplette Mahlzeiten in restaurantähnlichen Lokalen angeboten.

MERIAN-Tipp 1

KOREANISCHES BBQ

Der kulinarische »Korea-Klassiker«: koreanisches Barbecue. Im Gegensatz zur Heimat wird nicht vor der Tür gegrillt, sondern direkt am Tisch. Der Grill ist im Tisch eingelassen, die Abluft wird von großen Saugrüsseln abgesaugt. Das Grillgut wird in Korea nicht pro Person bestellt, sondern portionsweise nach Gewicht. Mit Grillzangen wendet man das Fleisch, mit einer Schere wird es zerteilt. Ist es gar, taucht man es einfach nach Belieben in die Soßen. Zum Essen umwickelt man das Fleisch mit Salat. Dazu werden rohe Zwiebeln, Suppe und Reis serviert. Probieren Sie die verschiedenen Fleischsorten: »Galbi« (marinierte Hochrippe), »Bulgogi« (süß mariniertes Rind), »Anshim« (Schweinefilet), »Deungshim« (Rinderfilet) oder »Samgyeopsal« (Schwein).

Preise für ein Menü ohne Getränke:

€€€€ ab 28 €	€€ ab 7 €
€€€ ab 18 €	€ bis 7 €

AMERIKANISCH

Shy Bana ▸ Klappe vorne, c 5

Wie selbst gemacht • Große Salate mit frischen Krabben, Reispfannen, Spaghetti-Teller. Bei Shy Bana gibt es das alles in guten Portionen zu einem angemessenen Preis.
Seocho-gu (Banpo) • 42, Sapyeong-daero 22-gil • U-Bahn: Express Bus Terminal (Linie 3, 7, 9), Ausgang 5 • tgl. 11.30–15, 17.30–21.30 Uhr • €€

CHINESISCH

Dongcheonhong ▸ Klappe vorne, e 3

Exportschlager • Hier dreht sich alles um chinesisches Essen. Die Kette wurde 1993 gegründet – mittlerweile hat sie sogar den Sprung in die USA (nach Manhattan) geschafft.
Gangnam-gu • 14, Eonju-ro 173-gil • U-Bahn: Apgujeong (Linie 3), Ausgang 2 • Tel. 5 48 88 87 • www.dongchunhong.com • tgl. 11–21.30 Uhr • €€€

INDISCH

Bharat Restaurant ▸ Klappe vorne, a 2

Würzig und lecker! • Wenn Ihnen einmal zufällig nicht der Sinn nach koreanischem Essen steht, ist dieses indische Restaurant eine gute Abwechslung. Es gibt alle Klassiker: von Chicken bis Lamm, scharf und mild.
Mapo-gu • 14, Hongik-ro 6-gil, 4F, Taesung Building • U-Bahn: Hongik Univ. (Linie 2, AREX oder Gyeongui), Ausgang 9 • tgl. 10–22 Uhr • €€

ITALIENISCH

9 Timo ▸ Klappe vorne, c 3

Beliebter Italiener • Hier treffen sich Geschäftsleute, Urlauber und Einheimische – für Letztere gilt 9 Timo als der beste Italiener in Itaewon. Es gibt klassische mediterrane Küche: von Salat über Pasta, Pizza bis Risotto.
Yongsan-gu (Itaewon) • 18, Itaewon-ro 27ga-gil • U-Bahn: Itaewon (Linie 6), Ausgang 2 • tgl. 11.30–21.30 Uhr • €€€

The Tasting-Room ▸ Klappe vorne, e 3

Ein Geschmackserlebnis • Flammkuchen, Pizza, Salat und unschlagbar leckere Desserts – das Restaurant ist sehr beliebt bei Koreanern wie bei Geschäftsreisenden.

> **WUSSTEN SIE, DASS …**
>
> … Seouler nicht einfach nur »etwas zu trinken« bestellen? Zu Reiswein oder Bier gibt es »Anju«: Die Spanne dieser Snacks geht von Erdnüssen über getrocknete Sardellen bis hin zu frittiertem Geflügel.

Gangnam-gu • 14, Dosan-daero 81-gil • U-Bahn: Apgujeong Rodeo (Bundang-Linie), Ausgang 2 • www.tastingroom.co.kr • Mo–Sa 11–24, So 10.30–15.30 Uhr • €€€

KOREANISCH

Bamboo House ▸ Klappe vorne, e 4

Barbecue mit Wein • In diesen modernen Räumen gibt es »Galbi«, gegrillte Hochrippe. Im Bamboo House haben auch schon Mariah Carey und der frühere japanische Premierminister Koizumi gegessen. Die Gäste lieben den Geschmack und die Auswahl an Weinen und Soju.
Gangnam-gu • 33, Eonju-ro 107-gil • U-Bahn: Yeoksam (Linie 2), Ausgang 7 • bamboohouse.or.kr • tgl. 11.30–14.30, 17.30–22.30 Uhr • €€€€

Samcheonggak ▸ Klappe vorne, c 1

Gehoben, lecker • Sehr nobles koreanisches Restaurant. Hier können Sie in der Nachbarschaft des Präsidentenpalasts gemütliche Abende in grüner Umgebung verbringen.
Seongbuk-gu • 3, Daesagwan-ro • U-Bahn: Gwanghwamun (Linie 5), Ausgang 4, dann Gratis-Shuttle-Bus • www.samcheonggak.or.kr • tgl. 12–15, 18–22 Uhr • €€€€

Maple Tree House ▸ Klappe vorne, c 3

Für alle Sinne • Das ist die Mission im Maple Tree House. Das Essenge-

hen soll zur besonderen Erfahrung werden. Das Ambiente ist modern: zahllose Ahornstämme, edles Lichtdesign. Dazu gibt es Gegrilltes wie »Jeju Black Pork« oder »Bulgogi«. Weine aus aller Welt. Reservierung empfehlenswert, es ist oft sehr voll.
Yongsan-gu (Itaewon) • Hamillton Hotel • 26, Itaewon-ro 27ga-gil • U-Bahn: Itaewon (Linie 6), Ausgang 2 • www.mapletreehouse.co.kr • Mo–Do 11.30–22.30, Fr–Sa 11.30–24 Uhr • €€€

Myongdong Kyoja ▸ S. 121, E 9

Berühmte Nudeln • Hier serviert man »Naengmyeon«. Das sind die traditionellen kalten Buchweizennudeln, die bei Nahrungsknappheit immer wieder Reis als Hauptnahrungsmittel ersetzten. Sie sollten »Chicken Kalguksu« probieren!
Jung-gu (Myeongdong) • 29, Myeongdong 10-gil • U-Bahn: Myeongdong (Linie 4), Ausgang 8 • www.mdkj.co.kr/en • tgl. 11.30–21.30 Uhr • €€€

Myth Jokbal ▸ Klappe vorne, a 2

Ein absoluter Renner • Wer nicht rechtzeitig kommt, muss bei dieser Restaurant-Kette Wartezeit mitbringen. Es lohnt sich. Denn »Jokbal«, der gekochte, kalte Schweinefuß mit Soßen ist sehr lecker.
Mapo-gu (Hongdae) • 123-1, Eoulmadang-ro • U-Bahn: Hongik Univ. (Linie 2), Ausgang 9 • tgl. 12–23.30 Uhr • €€€

Mabongnim ▸ Klappe vorne, d 2

»Tteokbokgi« für Mutige • Die Gründerin des Lokals, Frau Mabongnim, soll diesen Imbiss erfunden haben. Enge Holzbänke an schmalen Tischen sorgen für Kontakt zu den fast durchwegs koreanischen Gästen. Durch die nur wenige Zentimeter entfernten Tischgrills und die scharfe Soße entfaltet sich eine Höllenhitze.
Jung-gu • 5, Dasan-ro 35-gil • U-Bahn: Sindang (Linie 2, 6), Ausgang 8, dann die erste Straße links • tgl. 8–21 Uhr • €€

Meat-ing ▸ Klappe vorne, a 2

Günstiges BBQ • Seit drei Jahren treffen sich die Studenten der Hongik-Uni hier gern zum Meat-ing mit Korean Barbecue und frischem Salat.
Mapo-gu (Hongdae) • 8, Hongik-ro 6-gil • U-Bahn: Hongik Univ. (Linie 2, AREX oder Gyeongui), Ausgang 9 • tgl. 11–24 Uhr • €€

Small Moments of Happiness in Garden ▸ S. 121, F 9

Schönes Ambiente • Typisch koreanische Speisen kommen in diesem Restaurant auf den Tisch. Dazu gibt es guten Rotwein. Das Interieur ist angenehm und modern: Holz, Glas und Pflanzen aller Art. Im Sommer sind die Terrassentüren geöffnet.
Jung-gu • 2-1, Samil-daero 9-gil • U-Bahn: Myeongdong (Linie 4), Ausgang 10 • Mo–Sa 11.30–23 Uhr • €€

Gogung Insadong ▸ S. 117, E 2

Echtes Bibimbap • Gemüse, Reis und ein Ei – alles serviert in einem heißen Steinpott. »Bibimbap« ist ein koreanisches Nationalgericht.
Jongno-gu (Insa-dong) • 44, Insadong-gil • U-Bahn: Anguk (Linie 3), Ausgang 6 • www.gogung.co.kr • tgl. 11–21.30 Uhr • €

Milsarang Gaju Korean Noodles Restaurant ▸ Klappe vorne, d 3

Günstige Nudeln • Ein traditionelles Nudelrestaurant, und die besondere Spezialität ist »Manul Kalguksu« –

eine Nudelsuppe aus hausgemachten Nudeln mit scharfer roter Soße und würzigem Knoblauch.
Yongsan-gu (Hannamdong) • 14, Daesagwan-ro 24-gil, Gyeongil Building 1 Cheung • U-Bahn: Hannam (Linie Jungang), Ausgang 1 • Tel. 7 98 28 26 • tgl. 10.30–20.30 Uhr • €

Sintoburi ▸ Klappe vorne, f 2

Vorsicht Scharf! • Wer hier isst, bringt seinen Kreislauf auf Touren. Sintoburi ist ein äußerst beliebtes Tteokbokki-Restaurant. »Tteokbokki«, das sind Reiskuchen mit gekochten Eiern in einer feuerroten scharfen Soße. Je mehr Sie davon nehmen, desto schärfer können Sie essen.
Gwangjin-gu • 42, Jayang-ro 43-gil • U-Bahn: Achasan (Linie 5), Ausgang 1 • tgl. 11–1 Uhr • €

Won-jo Mapo Halmoni Bindaetteok ▸ Klappe vorne, b 3

Imbiss in Selbstbedienung • Hier gibt es eine außerordentlich vielfältige Auswahl an »Twigim« und »Jeon« in teilweise ungewöhnlichen Geschmacksrichtungen, zum Mitnehmen oder Sofortverzehr.
Mapo-gu • 23, Mallijae-ro • U-Bahn: Gongdeok (Linie 5, 6), Ausgang 5 • tgl. 0–24 Uhr • €

MEXIKANISCH

Vatos – Urban Tacos
▸ Klappe vorne, c 3

Fiesta Mexicana • »Vatos« heißt auf Mexikanisch so viel wie »Mann«. Doch nicht nur für hungrige Männer gibt es hier Chili con Carne, Tacos mit feuriger Soße, Burger sowie Burritos und Quesadillas. Besonders stylish sind die Drinks – von Frozen Margaritas bis zu Texas Tea und anderen leckeren Cocktails.

MERIAN-Tipp 2

KOREAHAUS ▸ S. 122, B 14

Ein traditionelles koreanisches Haus, das einem königlichen Gebäude nachempfunden wurde. Die Gerichte sind nach historischen Quellen zusammengesetzt, und auch Kochzubehör, Tischeindeckung und Tischmanieren entsprechen alten Joseon-Vorbildern. Bei traditioneller Musik können Gäste im Nebenraum die entsprechende fürstliche Mahlzeit zu sich nehmen. Im Folkloretheater finden jeden Abend verschiedene Vorführungen mit englischen und japanischen Erklärungen statt. Wegen des begrenzten Platzangebots ist eine Reservierung ratsam.
Jung-gu • 10, Toegye-ro 36-gil • U-Bahn: Chungmuro (Linie 3, 4), Ausgang 3 • Tel. 22 66 91 01/3 • www.koreahouse.or.kr • tgl. 9–22, mittags 12–14, 1. Abendessen 17–18.30, 2. Abendessen 19–20.30, Vorführungen 18.30–19.30, 20.30–21.30 Uhr • €€€€

Yongsan-gu (Itaewon) • 1, Itaewon-ro 15-gil, 2. Stock • U-Bahn: Itaewon (Linie 6), Ausgang 1 • So–Do 11.30–23, Fr–Sa 11.30–24 Uhr • €€

VERSCHIEDENES/FUSION

Cornerstone im Park Hyatt
▸ Klappe vorne, f 4

Ausgezeichnetes Niveau • Das Cornerstone ist das Hauptrestaurant im zweiten Stock des Hotels Park Hyatt. Im Jahr 2012 wurde es als eines der feinsten Restaurants Asiens prämiert. Aus der Küche kommen verschiedenste Spezialitäten: fri-

scher, mediterran zubereiteter Fisch, Antipasti, australisches Black Angus Rind und frische Pasta. Übrigens: Am Wochenende können Sie hier hervorragend brunchen.
Gangnam-gu • 606, Teheran-ro • U-Bahn: Samseong (Linie 2), Ausgang 1 • Frühstück tgl. 6.30–10.30, Mittagsmenü Mo–Fr 11.30–15, Dinner 18–22, Brunch Sa, So 11.30–15 Uhr • €€€€

10 Corso Como ▸ Klappe vorne, e 3

Zwischen Kultur und Kommerz • Buchladen, Modeboutique, Café und Garten – diese eigentlich völlig verschiedenen Aspekte verbindet 10 Corso Como zu einem einmaligen Erlebnis für alle Sinne. Sehen, hören, fühlen und schmecken – in einem mit Designmöbeln ausgestatteten Café.
Gangnam-gu • 416, Apgujeong-ro • U-Bahn: Apgujeong (Linie 3), Ausgang 2 • www.10corsocomo.com • So–Do 11–23, Fr–Sa 11–24 Uhr • €€€

Trian ▸ Klappe vorne, e 4

Italienisch-asiatische Fusion • Eine modern eingerichtete, sehr stylishe Dining-Bar, wobei das Triangelmotiv im Interieur konsequent umgesetzt wurde. Frisch und lecker sind die Gerichte, von Pizza über Sandwiches bis hin zu Meeresfrüchten.
Gangnam-gu • 30, Dosan-daero 67-gil • U-Bahn: Apgujeong (Linie 3), Ausgang 2 • www.trian.co.kr • tgl. 10.30–22.30 Uhr • €€€

Bennigan's ▸ Klappe vorne, b 2

Power Lunch • Hier gibt es gutes, reichhaltiges Essen zu erschwinglichen Preisen. Auf der Speisekarte stehen Salate, Steaks, Fisch, Pasta, Reis oder Sandwiches. Die Kette wurde vor mehr als 40 Jahren gegründet und setzt auf irische Gastfreundlichkeit.
Jung-gu • 405, Hangang-daero • U-Bahn: Seoul Station (Linie 1, 4), Ausgang 1 • www.bennigans.co.kr • tgl. 11–22.30 Uhr • €€

Pier Avenue ▸ Klappe vorne, e 4

Amerika, Japan und Korea • Hier gibt es wahre Fusionen: Die Carbonara kommt mit Seafood, die California Roll wird mit koreanischen Beilagen serviert. Die Besitzerin, die ehemalige Balletttänzerin Yoon Sun Hyung, möchte ihren Gästen ein perfektes Esserlebnis bereiten.
Gangnam-gu • 20, Hakdong-ro 97-gil, 1F, Cheongdam Building • U-Bahn: Cheongdam (Linie 7), Ausgang 12 • tgl. 11–1 Uhr • €€

KAFFEEHÄUSER

In Seoul gibt es kaum einen Straßenzug ohne Café. Die Kaffeehäuser haben viele Funktionen: Sie sind Ort für Geburtstagsfeiern, Dates oder dienen einfach nur als Wohnzimmer für das wochenendliche Treffen mit der Verwandtschaft.

INTERNATIONALE KAFFEEHÄUSER

Caffé Pascucci

Bei der italienischen Kette servieren die Barista nicht nur gut gemachten Kaffee. Sie erhalten hier auch Backwaren wie Kekse und Kuchen sowie Paninis und Eiscreme.

The Coffee Bean & Tea Leaf

The Coffee Bean wurde 1963 in den Vereinigten Staaten gegründet. Beim Starbucks-Rivalen gibt es Kaffee aus Arabica-Bohnen und Tee aus ganzen Teeblättern. Zusätzlich zum normalen Sortiment werden auch eiskalte Tees serviert.

Starbucks Coffee

Natürlich ist die amerikanische Weltmarke in Seoul zu finden. Das Angebot entspricht der Heimat: Es gibt Americano, Espresso und die beliebten Frappuccinos.

KOREANISCHE KETTEN

A Twosome Place

Das breite Kaffeeangebot wird ergänzt durch Eis in der Waffel, frisch gepresste Säfte und Sandwiches. Holztische und rote Wände sind das Markenzeichen der Kette. Probieren Sie mal den Tomato-Lemon-Juice!

Angel-in-us

Ob der Name nun korrekt »Angelinus« ausgesprochen wird oder »Angel in us« (dt. »Engel in uns«) heißt, da sind sich selbst die Koreaner nicht ganz einig. Die lokale Kette gehört zum koreanischen Lotte-Jaebeol. Die Einrichtung ist eher antik und gemütlich gehalten.

Caffé Bene

Caffé Bene ist die größte aller heimischen Kaffeehausketten. Hier gibt es zu den Getränken auch Eis. Die belgischen Waffeln mit Schlagsahne sind ein perfektes Dessert nach dem Restaurantbesuch.

Coffine Gurunaru

»Coffine« ist die Kurzform für »Kaffee« und »Wein«. Tatsächlich: Hier bekommen Sie günstigen italienischen Wein. Gut schmeckt auch das »Honey Bread«. Unbedingt probieren: Milk-Tea.

Tom N Toms Coffee

Bei Tom N Toms geht es sehr freundlich zu. Vor allem die leckeren Brezeln sind ein gutes kleines Frühstück.

Lust auf mediterrane Aromen, »espresso« und »gelato« mitten in Ostasien? Die italienische Kaffeehauskette Caffé Pascucci (▸ S. 22) ist auch in Seoul vertreten.

grüner reisen

Wer zu Hause umweltbewusst lebt, möchte dies vielleicht auch im Urlaub tun. Mit unseren Empfehlungen im Kapitel grüner reisen wollen wir Ihnen helfen, Ihre »grünen« Ideale an Ihrem Urlaubsort zu verwirklichen und Menschen zu unterstützen, denen ein verantwortungsvoller Umgang mit der Natur am Herzen liegt.

Vom Umweltsünder zur Umweltspitze

Seit dem Waffenstillstandsabkommen im Koreakrieg vom 27. Juli 1953 hat sich Seoul rasant entwickelt. In nur einer Generation durchlebte die Stadt sowohl eine Urbanisierung als auch eine Industrialisierung, die weltweit ihresgleichen sucht und erhebliche Auswirkungen auf die Bewohner und die Umwelt hatte.

Das Arbeitsangebot zieht mehr und mehr Menschen in die Stadt. Satellitenstädte wachsen aus dem Boden und verschmelzen miteinander. Der Grad der Urbanisierung steigerte sich von 35,8 % im Jahr 1960 auf 85 % im Jahr 1995. Und entsprechend vermehrte sich auch das Außmaß der Umweltbelastung: Wasser und Luft verschmutzten zusehends, Müllberge türmten sich auf. Grüne Natur fiel den aus der Landschaft schießenden Neubauten zum Opfer.

Schon bald entwickelten die Seouler allerdings ein Bewusstsein für diese Umweltprobleme. Es war Zeit zum Handeln: So entstand bereits ab dem Jahr 1970 ein ausgedehnter »grüner Gürtel« rund um die Stadt, wodurch es gelang, die Luftverschmutzung zu verringern und die Wasserqualität zu verbessern. Auf der Müllkippe von Nanji-do entstand pünktlich zur Fußballweltmeisterschaft 2002 der World

Cup Park (▸ S. 26). Gleichzeitig entwickelte sich das öffentliche Metrosystem zum ausgedehntesten und zuverlässigsten der Welt.

Für das 21. Jh. hat sich Seoul vorgenommen, zur »grünsten Stadt« der Welt zu werden. Damit folgt die Metropole der »Nationalen Strategie für grünes Wachstum«, der sich das ganze Land verschrieben hat. Bei Ihrem Besuch in Seoul können Sie bereits erste Erfolge sehen: energieeffiziente Hotels, neu angelegte Parks, fabrikfrische Elektro- und Hybridbusse, Auto- und Fahrrad-Sharing-Systeme sowie Apps, die den emissionsärmsten Transportweg von A nach B anzeigen. All das zeigt schon jetzt, in Sachen »Nachhaltigkeit« ist Seoul führend in Asien. Die Stadt ist unverkennbar zurück auf dem »grünen Zweig«.

ÜBERNACHTEN

JW Marriott Dongdaemun

▸ S. 119, F 7

Dieses JW Marriott wurde als erstes Hotel in Seoul mit dem LEED Zertifikat ausgezeichnet. Es steht für »Leadership in Environmental and Energy Design« und ist ein Zertifizierungssystem für ökologisches Bauen. Das Hotel – im Shoppingquartier Dongdaemun in Sichtweite des mehr als 600 Jahre alten Osttores gelegen – schneidet in den Bereichen Nachhaltigkeit, Wassereffizienz, Energieeffizienz, Material und Design besonders vorbildlich ab.

Jongno-gu • 279, Cheonggyecheon-ro • U-Bahn: Dongdaemun (Linie 1, 4), Ausgang 9 • www.marriott.com/hotels/hotel-information/travel/seldp-jw-marriott-dongdaemun-square-seoul • 155 Zimmer • €€€

ESSEN UND TRINKEN

Neulbomwellbom

▸ Klappe vorne, d 5

Organic Grill: also ein Grillrestaurant mit frischen Zutaten. Sehr beliebt bei koreanischen Familien. Sie sollten unbedingt »Shabu Shabu« probieren.

Seocho-gu • 188, Seochojungang-ro, B106, Acrovista • U-Bahn: Seoul Nat. Univ. of Education (Linie 2, 3), Ausgang 6 • tgl. 11.30–15, 17–22 Uhr • €€€

Café Mamas

▸ S. 116, C 4

Wen in Seoul die Sehnsucht nach Säften, die zu 100 % aus Früchten hergestellt wurden, hausgemachten Salaten und gesunder Kartoffelsuppe ergreift, der ist im Café Mamas gut aufgehoben. Die Gäste schätzen besonders die unschlagbare Frische der Speisen.

Jung-gu • 81, Seosomun-ro • U-Bahn: Euljiro 1(il)ga (Linie 2), Ausgang 2 • tgl. 7.30–22 Uhr (Küche 10–21 Uhr) • €€

EINKAUFEN

ORGA Whole Foods

▸ Klappe vorne, c 5

Wer in Seoul umweltbewusst und nachhaltig einkaufen möchte, ist bei ORGA Whole Foods genau richtig. Der erste Bio-Supermarkt der Kette wurde bereits im Jahr 1977 gegründet. Mittlerweile gibt es zahlreiche Filialen in der Stadt. Das Wort »Whole« steht als Abkürzung für das Markenversprechen: »W« für Wellness, »H« für Health (Gesundheit), »O« für Organic (natürlich), »L« für Liability (Verlässlichkeit) und »E« für Ecology (ökologisch).

Begleitet von sanfter klassischer Musik können Sie entspannt im Warenangebot stöbern: Von Bananen über Fleisch bis hin zu Reis – alles ist in Bioqualität erhältlich. Dazu gibt es im Kühlregal eine beträchtliche

Auswahl an frischen Säften mit 100% Fruchtgehalt. Selbst Fertigprodukte, wie beispielsweise frittierter Reis mit Ananas, sind im Sortiment zu finden. Für die schönheitsbewussten Koreaner werden ökologische Lippenstifte mit Rosenduft oder Gesichtscremes bereitgehalten. Im Preisniveau liegt ORGA Whole Foods zwar etwas über den gängigen Supermärkten, Atmosphäre und Angebotspalette machen dies aber mehr als wett.

ORGA Whole Foods mit diversen Filialen in Seoul, z. B.: Seocho-gu • 162, Bangbae-ro • 1F, Yegwang Building • U-Bahn: Naebang (Linie 7), Ausgang 7 • tgl. 10–22 Uhr

AM ABEND

Wolhyang

▸ Klappe vorne, a 2

In dieser Makgeolli-Bar für Reiswein gibt es nicht nur Standardware. Der braune Makgeolli ist hier zu 100% aus heimischem, biologisch angebautem braunem Reis gemacht. Er wurde über zehn Jahre lang von Foodstylisten und Makgeolli-Experten entwickelt. Obwohl dieser Reiswein bis zu 15-mal stärker als normaler Reiswein sein soll, schwören seine Erfinder: Nach dem Genuss gibt es keinen Kater. Der braune Reiswein soll sogar beim Abnehmen Unterstützung leisten.

Mapo-gu (Hongdae) • 27, Wausan-ro 29-gil • U-Bahn: Hongik Univ. (Linie 2), Ausgang 8 • Mo–Mi 12–2, Do–Sa 12–4, So 12–1 Uhr

AKTIVITÄTEN

Fahrradfahren am Hangang-Fluss

Die umweltfreundlichste und sportlichste Art, die Stadt Seoul zu erfahren, ist sicherlich eine Tour mit dem Drahtesel. Beide Uferseiten des Hangang-Flusses sind zu großen Fahrrad- und Spazierwegen ausgebaut worden. Sie erstrecken sich fast entlang des gesamten Stadtgebiets von Yanghwa bis nach Gwangnaru. Über 80 km beträgt ihre Gesamtlänge – auf beiden Uferseiten also jeweils 40 km.

Zu empfehlen ist die Route von Yeouido zur Olympicdaero-gil Road. Dabei passieren Sie nicht nur viele Flussbrücken über den Hangang, die eine ideale Möglichkeit zum Wechsel der Flussseite sind. Sie haben auch einen wunderbaren Blick auf das Panorama von Seoul. Unterwegs können Sie sich in einem der zahlreichen Convenience Stores mit einer Erfrischung versorgen. Die Gesamtlänge der Strecke beträgt 25 km. Für eine Rundfahrt benötigen Sie etwa vier bis fünf Stunden.

Fahrradfahrt von Yeouido zur Olympicdaero-gil • Abfahrtspunkt: Yeouido-Hangang-Park • U-Bahn: Yeouinaru (Linie 5), Ausgang 3 • Fahrradleihstationen gibt es an der Wonhyodaegyo- oder an der Mapodaegyo-Brücke (geöffnet Mai–Aug. 9–19, März, April, Sept., Okt. 9–18, in den anderen Monaten 9–17 Uhr, Mietkosten ab 3000 Won/Person)

World Cup Park

▸ Klappe vorne, westl. a 2

Der World Cup Park wurde anlässlich der Jahrtausendwende und der Fußballweltmeisterschaft in Japan und Südkorea im Jahr 2002 errichtet. Er liegt im Süden und Westen des World Cup Stadions (▸ S. 73) und ist ein Zeichen für die ökologische Neuausrichtung der Stadt Seoul. Am dem Ort, an dem der Park entstand, befand sich zuvor die Müllkippe von Nanjido.

Ihr Fassungsvermögen: 92 Mio. t Müll, mehr als 15 Jahre lang wurde sie genutzt. Dann entschied sich die Metropolregion, die Müllkippe zu stabilisieren und anschließend zu verfüllen –

Wer Seoul auf dem Fahrrad erkundet, wird die Stadt von einer anderen Seite erleben. Vor allem am Ufer des Hangang-Flusses wurden viele Radwege angelegt (▸ S. 26).

als Zeichen für das neue Miteinander von Mensch und Natur. Die Stabilisierung des Mülls dauerte sechs Jahre. Ein weiteres Jahr brauchte es, bis die Müllkippe komplett abgedichtet war und kein Oberflächenwasser mehr durchsickern konnte. Am 1. Mai 2002 wurde der beinahe 3,5 Mio. qm große World Cup Park am Ufer des Hangang-Flusses eröffnet. Er setzt sich aus insgesamt fünf Grünanlagen zusammen:

Der **Pyeonghwa Park** (»Friedenspark«) ist dem Stadion am nächsten gelegen. Hier finden sich ein großer Garten, ein Teich, ein Spielplatz sowie ein angenehmer Picknickplatz.

Der **Haneul Park** heißt »Himmelspark«, weil er der höchstgelegene der fünf Parks ist. Von dem ehemaligen Müllberg aus, der heute als solcher nicht mehr zu erkennen ist, haben Sie einen hervorragenden Blick auf Seoul und das Umland mit den Bergen Namsan, Bukhansan und Gwanaksan.

Der **Nanjicheon Park** ist geprägt durch den Nanji-Fluss. Während der Verfüllung der Müllkippe war er sehr stark verschmutzt. Mittlerweile fließt er sauber und rein durch die grüne Oase mit ihren zahlreichen Sportgeräten.

Der **Nanji Hangang Park** liegt direkt am Hangang-Fluss. Sportbegeisterte können sich hier auf dem Basketballfeld oder dem Fußballplatz austoben.

Im **Noeul Park**, dem »Park des Sonnenuntergangs«, befindet sich ein Neun-Loch-Golfplatz. Man hat das Areal hier nur mit Grasland ausgestattet, um Umweltschäden zu vermeiden.

Mapo-gu (Nanjido) • 108-1, Haneul-gongwon-ro • U-Bahn: World Cup Stadium (Linie 6), Ausgang 1, 2, 3 • http://worldcuppark.seoul.go.kr • tgl. 9–19, im Sommer bis 21 Uhr • Eintritt frei

Einkaufen

Traditionelle Märkte und »Hochglanz-Shopping-Malls« sind ein Erlebnis für sich. Landestypische Mitbringsel wie Tee, Keramik und Papier findet man eher in kleineren Läden oder im Touristenzentrum Insa-dong.

◂ Holzmasken wurden früher bei schamanistischen Ritualen benutzt, heute werden sie als Souvenir angeboten.

Als typisch koreanische Souvenirs gelten beispielsweise Fächer und Masken. Auch anderes Kunsthandwerk – vom Schlüsselanhänger über Essstäbchen bis hin zum Lackkästchen – sind ein beliebtes Mitbringsel. Auch Tee wird gerne gekauft, allerdings sind die koreanischen Kräutermischungen für die europäischen Geschmacksnerven meist gewöhnungsbedürftig. Keramik, handgeschöpftes »Hanji«-Papier in bunten Farben und der seit Jahrtausenden in der Volksmedizin verwendete Ginseng ergänzen die Souvenirauswahl. All dies kann man, zu kaum überhöhten Preisen, auf der Touristenmeile Insadong-gil erstehen.

Fotografieren statt Einkaufen

Überall gibt es kleinere und größere Stadtteilmärkte, die die Grundversorgung der Bevölkerung mit Gemüse, Obst, Fisch und Fleisch sicherstellen. Gerne wird auch das Angebot an vor Ort gekochten Speisen – Alternative zum industriellen Fertiggericht – angenommen. Für den Urlaubsgast ist besonders die große Auswahl an Fotomotiven in diesen altertümlich wirkenden Märkten interessant.

Einkaufstempel der Superlative

Als Gegensatz zu den oft seit Jahrhunderten bestehenden Märkten entstanden in den letzten Jahren riesige Shopping Malls. Für den Kauf von Souvenirs sind die hochmodernen Einkaufszentren kaum geeignet, einen Besuch sind sie trotzdem wert. Um sich von der Konkurrenz abzuheben, bieten sie futuristische Architektur und rekordverdächtige Ausstattungsmerkmale.

ANTIQUITÄTEN

Janganpyeong und Dapsimni Antiquitätenmarkt

▸ Klappe vorne, e 2

Teuer oder erschwinglich, Original oder Reproduktion: In fünf mehrstöckigen Gebäuden bieten einige Hundert Groß- und Einzelhändler einen Querschnitt koreanischer Antiquitäten für jeden Geschmack.

Dongdaemun-gu • Gomisul-ro • U-Bahn: Dapsimni (Linie 5), Ausgang 1, 2 • www.janganantique.com • Mo–Sa 10–19 Uhr

BÜCHER

Kyobo-Buchzentrum ▸ S. 116, C 3

Koreas größte Buchhandlung verkauft jährlich etwa 10 Mio. Titel. Für Touristen sind die große Auswahl koreanischer Manhwas und japanischer Mangas sowie preiswerte Bildbände besonders interessant. Die rot markierte Fremdsprachenabteilung (Sektion E) hält 150 000 ausländische Bücher, auch deutsche Titel, bereit.

Jongno-gu • 1, Jong-ro, B1, Kyobo Life Building • U-Bahn: Gwanghwamun (Linie 5), Ausgang 3 • tgl. 9.30–22 Uhr

What the book? ▸ Klappe vorne, c 3

Diese Versandbuchhandlung hat sich auf englischsprachige Literatur spezialisiert und betreibt in Itaewon einen Laden. Neben internationalen Zeitschriften stehen dort ca. 18 000 gebrauchte Bücher zur Auswahl.

Yongsan-gu • 151, Itaewon-ro • U-Bahn: Itaewon (Linie 6), Ausgang 1 • www.whatthebook.com • tgl. 10–21 Uhr

KAUFHÄUSER/EINKAUFSZENTREN

COEX Mall ▸ Klappe vorne, f 4

Mit rund 200 Restaurants, Theatern, Geschäften, Kaufhäusern, Banken und anderen Einrichtungen ist diese Mall Koreas größtes unterirdisches Vergnügungs- und Einkaufsviertel. Täglich mehr als 100 000 Besucher verteilen sich auf gut 118 000 qm unterhalb des World Trade Center Seoul. Besondere Highlights sind das **Lake Food Court Restaurant**, unter dessen durchsichtigem Boden Wasser fließt, der **Megabox Cineplex Kinopalast** mit seinen 17 Leinwänden und das **COEX Aquarium.** Die in sechs Themenbereiche aufgeteilte Unterwasserwelt beherbergt ungefähr 40 000 Meeresbewohner mit 500 bis 600 Arten! Direkt nördlich der COEX Mall befindet sich der **Bongeunsa-Tempel** (▸ S. 51).

Gangnam-gu • 513, Yeongdong-daero • U-Bahn: Samseong (Linie 2), Ausgang 5, 6 • www.coexmall.com • tgl. 10–22 Uhr

D Cube City ▸ Klappe vorne, westl. a 4

Neben dem eigentlichen Kaufhaus befinden sich in dem semi-ovalen Bau mit 41 oberirdischen und sieben unterirdischen Stockwerken verschiedene Restaurants, Theater, Büro- und Veranstaltungsräume, Kliniken und das Sheraton Hotel.
Besonderheit dieses Zentrums sind die Wasserfälle, die im Inneren über mehrere Etagen in die Tiefe stürzen. Wasserflächen mit gläsernem Boden bieten Durchblicke in die darunter liegenden Ebenen. Kleinere Kinder haben in der Pororo-Erlebniswelt meist viel Spaß. Der Ökologie- und Skulpturenpark auf der Dachfläche ist frei zugänglich und bietet neben Ruheoasen einen guten Fernblick.

Guro-gu • 662, Gyeongin-ro • U-Bahn: Sindorim (Linie 1, 2), Ausgang 1 • www.dcubecity.com • tgl. 11–21.30 Uhr

WUSSTEN SIE, DASS ...

... sich die Koreanerinnen mit zunehmendem Alter in »Ajummas« verwandeln? Kennzeichen dieser Mütter über 40: kurzes gelocktes Haar, Sonnenschirm über dem Kopf und oftmals ein bestimmter, unnachgiebiger Auftritt.

Garden 5 ▸ Klappe vorne, südöstl. f 5

Ein Dachgarten der Extreme befindet sich am südöstlichen Stadtrand Seouls auf diesem bis zu 16 Stockwerke hohen Kaufhaus. Vier ringförmig um einen Innenhof angeordnete Gebäude sind über Brücken und Stege verbunden. Die insgesamt etwa 20 000 qm Dachfläche sind garten- und parkähnlich gestaltet. Hier kann man picknicken, sich entspannen, sonnen oder bei einer Wanderung den Blick auf die umliegenden Berge genießen. Die Munjeongdong-Modestraße (▸ S. 34) ist nur eine U-Bahnstation entfernt.

Songpa-gu • 66, Chungmin-ro • U-Bahn: Jangji (Linie 8), Ausgang 3 • www.garden5.com • tgl. 9.30–22 Uhr

Techno Mart 21

▸ Klappe vorne, östl. f 3

Zwar schon 1998 fertiggestellt, aber noch lange nicht in die Jahre gekommen ist dieses 189 m hohe Einkaufszentrum mit 39 Stockwerken. Auf den unteren acht Etagen bieten mehr als 2000 Elektronikläden modernste Technik und entsprechendes Zubehör an. Damit ist Techno Mart das zweitgrößte Zentrum Seouls für alle Arten von elektronischen Geräten, Computern, Soundsystemen, Kom-

Verkaufsstand an der Insadong-gil: Besonders am autofreien Wochenende verwandelt sich diese Hauptstraße von Insa-dong (▶ S. 32) in einen Open-Air-Markt.

munikationsequipment, Kameras etc. Die Preise sind jedoch auf europäischem Niveau, sodass sich kaum günstige Schnäppchen finden lassen.

Gwangjin-gu • 85, Gwangnaru-ro 56-gil • U-Bahn: Gangbyeon (Linie 2), Ausgang 1 • tgl. 10–20 Uhr

Times Square ▶ Klappe vorne, a 4

Mit 300 000 qm seit seiner Eröffnung 2009 eines der größten Einkaufszentren in ganz Korea. Knapp 200 Geschäfte verteilen sich auf zwei unterirdische und fünf oberirdische Etagen. Allein die beeindruckende Architektur des über mehrere Ebenen gehenden gläsernen Atriums und eine parkähnliche Plaza von fast 15 000 qm locken zu einem Besuch.

Yeongdeungpo-gu • 15, Yeongjung-ro • U-Bahn: Yeongdeungpo (Linie 1), Ausgang 3 • www.timessquare.co.kr/en • tgl. 10.30–22 Uhr, teilweise auch 24 Std.

KINDER

Changsindong-Spielzeugmarkt

▶ Klappe vorne, d 2

In einer Seitenstraße zwischen den U-Bahnstationen Dongdaemun und Dongmyo (knapp 10 Min. Fußweg vom Dongdaemun-Markt entfernt) bieten etwa 100 Geschäfte alle Arten von Spielzeug, Schreibwaren sowie Werbe- und Promotionsartikel an. Meist ist es möglich, noch einige Prozent Preisnachlass auszuhandeln.

Jongno-gu • Jong-ro 52 gil • U-Bahn: Dongmyo (Linie 6), Ausgang 6 oder Dongdaemun (Linie 1, 4), Ausgang 4 • Mo–Sa 7.30–19.30 Uhr

MÄRKTE UND EINKAUFSVIERTEL

Gwangjang-Markt ▶ S. 118, C 7

Der 1905 gegründete Markt war über Jahrzehnte Koreas Zentrum für den Handel mit Seidenstoffen. Auch heute noch sind Seide und »Hanbok« (traditionelle Kleider) ein

bedeutender Teil des Angebots. Die Seide-, Satin- und Leinengeschäfte auf der zweiten Etage sind nach wie vor die größten und bekanntesten in ganz Seoul. Hier erhält man hochwertige Qualität zu vernünftigen Preisen. Unbedingt sehenswert sind die an langen Tischen aufgebauten Imbissstationen mit einer vielfältigen Auswahl exotischer Leckereien.
Jongno-gu • 88, Changgyeonggung-ro • U-Bahn: Jongno 5(o)ga (Linie 1), Ausgang 7 • Mo–Sa 9–19 Uhr

Insa-dong ▸ S. 117, D 1–E 2

Die kaum mehr als 600 m lange Touristenmeile Insadong-gil bietet hochwertiges Kunsthandwerk, preisgünstige Souvenirs und ausgefallene Kreationen in unzähligen Läden. Jeden Sonntag wird die Straße von 10 bis 22 Uhr für den Autoverkehr gesperrt und verwandelt sich dann in eine Fußgängerzone.
Jongno-gu • Insa-dong • U-Bahn: Anguk (Linie 3), Ausgang 6 • www.goinsadong.com • tgl. 10–18/22 Uhr

Jungbu-Markt ▸ S. 119, D 8

Auf diesem Spezialmarkt erhält man hauptsächlich getrockneten Fisch. Über 800 Händler bedienen rund 10 000 Kunden pro Tag. Die lose angebotenen Waren kann man sich vor Ort einschweißen lassen und eignen sich vielleicht auch als Mitbringsel.
Jung-gu • 35, Eulji-ro 36-gil • U-Bahn: Euljiro 4(sa)-ga (Linie 2, 5), Ausgang 8 • Mo–Sa 4–18 Uhr

Myeong-dong ▸ S. 121, D 9–E 10

Das Viertel um die die Myeongdong-Straße gilt als das Mode-Mekka Koreas. Sie erstreckt sich über 1 km vom U-Bahnhof Myeong-dong zum U-Bahnhof Euljiro. Myeong-dong ist besonders abends das wohl geschäftigste Viertel Seouls und führend,

Frische Chilischoten auf dem Namdaemun-Markt (▸ S. 33). Koreaner essen sie auch gerne roh, mit konzentrierter Chilipaste auf extrem scharf gepimpt.

wenn es um neue Modetrends geht. Verglichen mit den Märkten Namdaemun oder Dongdaemun sind die Preise in den exklusiven Geschäften relativ hoch. Dafür gibt es aber auch luxuriösere Designs und Marken, die unter anderem Popstars anlocken.
Da das Viertel von vielen Touristen besucht wird, gibt es z. B. in Apotheken und Kliniken oft englischsprachiges Personal. Die beeindruckende Myeongdong-Kathedrale (▸ S. 69) befindet sich am östlichen Rand.
Jung-gu • Myeong-dong • U-Bahn: Myeong-dong (Linie 4), Ausgang 5, 6, 7, 8 oder Euljiro 1(il)ga (Linie 2), Ausgang 5, 6 • tgl. 6.30–22 Uhr

Namdaemun-Markt 1

▸ S. 120, C 10

Auf diesem ältesten Markt Koreas wurde schon vor über 600 Jahren, direkt neben dem südlichen Stadttor (Sungnyemun), Handel getrieben. Er ist nach wie vor einer der wichtigsten Umschlagplätze für Produkte des täglichen Lebens. Lange Zeit fand der Markt unter freiem Himmel statt, inzwischen sind viele der etwa 10 000 Geschäfte in Markthallen, Gebäuden oder überdachten Ständen untergebracht. Nirgendwo sonst kann man so kompakt in koreanisches Leben eintauchen und Farben, Gerüche und Atmosphäre erleben.
Zwei Touristeninformationen sind bei der Orientierung und bei der Suche nach bestimmten Artikeln gerne behilflich. Das **C-dong Central Sangga** bietet im zweiten Stock koreanische Trachten (»Hanbok«), Handarbeiten und Lackwaren zu günstigen Preisen an. Im zweiten Stockwerk des **D-dong Daedo** Ladenzentrums finden sich Reisemitbringsel, Einrichtungsgegenstände und traditionelle Handarbeiten. Für Nachtschwärmer ist der »Gespenstermarkt« (**Dokkaebi Sangga**) empfehlenswert. Zwischen Mitternacht und Morgengrauen werden in den Untergeschossen der C-dong-, D-dong- und E-dong-Gebäude Waren verkauft – insbesondere an Wiederverkäufer aus der Provinz.
Jung-gu • 21, Namdaemunsijang-gil • U-Bahn: Hoehyeon (Linie 4), Ausgang 5, 6, 7 • tgl. 24 Std., die einzelnen Shops haben sehr unterschiedliche Öffnungszeiten

MERIAN-Tipp 3

SEOUL YANGNYEONGSI

▸ Klappe vorne, e 2

Auf Koreas bedeutendstem Kräutermarkt werden mehr als 3000 Arten von Heilkräutern und Naturheilmitteln angeboten. Über 1000 Geschäfte und Verkaufsstände, traditionelle orientalische Kliniken und Kräuterapotheken machen Yangnyeongsi zum größten auf eine Warengruppe spezialisierten Markt der Welt. Künstliche Nebelschwaden wabern über meterlange Ginseng-Auslagen, um die vielseitige Gesundheitswurzel frisch zu halten, an jedem Stand wird man von neuen wohlriechenden Düften empfangen. Nach Osten schließen sich weitere Marktzentren für Obst und Gemüse an. Nüsse und Trockenobst sind hier in besonders frischer und schmackhafter Qualität erhältlich.
Dongdaemun-gu • Wangsan-ro • U-Bahn: Jegi-dong (Linie 1), Ausgang 2 • tgl. 9–18.30 Uhr, 1. und 3. So des Monats geschl.

Noryangjin-Fischgroßmarkt

► Klappe vorne, b 4

Gegen 1 Uhr in der Frühe erreichen die Fänge der koreanischen Tiefseefischereiflotte den Noryangjin-Großmarkt, und kurze Zeit später beginnen die Großhandelsauktionen und der Einzelhandelsverkauf. Die kaum vorstellbare Auswahl an Meeresfrüchten und geschäftiges Treiben rund um die Uhr halten einem Vergleich, z. B. mit dem Tsukiji Markt in Tokio, problemlos stand. Die beste Besuchszeit ist nachts bzw. vormittags, da im Lauf des Tages das Angebot geringer wird und einige Händler ihre Stände vorzeitig schließen.

Dongjak-gu • 688, Nodeul-ro • U-Bahn: Noryangjin (Linie 1, Ausgang 1, Linie 9, Ausgang 2) • Mo–Sa 2–20 Uhr

MERIAN-Tipp 4

TECHNOLOGIE-FLAGSHIPSTORES

Die Koreaner sind Early Adopter, sie nutzen die neu auf den Markt kommenden Technologien oft als Erste. In Seoul können auch Sie zu einem Early Adopter werden:

Im **Samsung d'light store** erleben Sie auf drei Etagen die bunte Welt der Marke. Gelegen im Keller des Hauptquartiers, ist der Store eine Mischung aus Markenerlebnisplatz und Einkaufsmöglichkeit. In der »Digital Lounge« gibt es die allerneuesten Technologieprodukte des Konzerns zum Anfassen und selbst Ausprobieren.

SK, eines der fünf großen Jaebeols, zeigt in seinem **SK T.um** Vergangenheit und Zukunft der Telekommunikation. Am Eingang erhalten Sie ein »T.key«-Smartphone. Es führt Sie durch die interaktive Ausstellung.

– Samsung d'light • Secho-gu • 11, Seocho-daero 74-gil • U-Bahn: Gangnam (Linie 2, DX), Ausgang 8 • www.samsung.com/us/experience/dlight • tgl. 10–19 Uhr • Eintritt frei ► Klappe vorne, d 5

– SK T.um • Jung-gu • 65, Eulji-ro • U-Bahn: Euljiro-1-ga (Linie 2), Ausgang 4 • tum.sktelecom.com/eng • 9–18 Uhr • Eintritt frei (unbedingt vorher reservieren!)

► S. 117, E 4

MODE

Munjeongdong-Modestraße

► Klappe vorne, südöstl. f 5

In dieser Straße (auch »Neue Rodeostraße« genannt) gibt es internationale Markenkleidung mit 30 bis 70 % Nachlass auf den regulären Preis. Rund 120 Geschäfte bieten auf einer Länge von etwa 300 m junge Mode, Sport- und Freizeitkleidung sowie Schuhe und Accessoires von mehr als 200 Markenherstellern an. Im Gegensatz zu anderen Seouler Modemärkten, auf denen bisweilen auch Fälschungen im Umlauf sind, erhält man hier Originalartikel aus den Kollektionen der Vorjahre zu besonders günstigen Preisen.

Songpa-gu • Munjeong-dong • U-Bahn: Munjeong (Linie 8), Ausgang 1 • Mo–Sa 10–21 Uhr

SCHMUCK

Yejidong-Juweleneinkaufsstraße

► S. 118, A 7

Um die Ausgänge 8 bis 10 des U-Bahnhofs Jongno 3-ga befinden sich etwa 1000 Einzel- und rund 2000 Großhändler, die sich auf den Vertrieb von Edelmetallen, Juwelen und Schmuck spezialisiert haben. Die

Familiäre Atmosphäre auf dem Noryangjin-Fischgroßmarkt (▶ S. 34). Touristen wird gerne auch einmal ein Tintenfisch oder eine Seegurke in die Hand gedrückt.

einheimischen Steine wie Amethyst (von zart bis tiefviolett), Rauchtopas, weiße Jade und Rubine werden in besonders schöner und reichhaltiger Auswahl feilgeboten. Das Preisniveau ist etwa 30 % niedriger als andernorts in Seoul. Einen kleinen Nachlass wird man aber immer noch aushandeln können, bei Barzahlung gibt es einen weiteren Rabatt.

Jongno-gu • Yeji-dong • U-Bahn: Jongno 3(sam)ga (Linie 1, Ausgang 2, 10, Linie 3, Ausgang 8, 9, Linie 5, Ausgang 3, 8) • Mo–Sa 9–20 Uhr

SCHUHE

Dongdaemun-Markt

▶ Klappe vorne, d 2

Der Bereich Dongdaemun umfasst 37 Verkaufszentren auf zehn Blocks, die ungefähr 35 000 Geschäfte beherbergen. Mit rund 400 000 täglichen Besuchern gehört er zu den bedeutendsten Märkten in Korea, die sich auf den Groß- und Einzelhandel mit Kleidung und Accessoires sowie Stoffen, Seiden und Lederwaren spezialisiert haben. Oft gibt es Preisabschläge von 20 bis 30 %. Das riesige Schuhangebot in mehreren länglichen Gebäuden direkt nördlich des Cheonggyecheon dürfte besonders Frauenherzen höher schlagen lassen.

Jongno-gu • Jong-ro 50da-gil • U-Bahn: Dongdaemun (Linie 4), Ausgang 7 • Mo–Fr 9–18 Uhr

WUSSTEN SIE, DASS ...

... »Jaebeols« (Konzern, Geldadel) die koreanische Wirtschaft dominieren? Mehr als 80 % des koreanischen Bruttosozialprodukts erwirtschaften familiengeführte Großunternehmen wie Hyundai-Kia, Samsung, SK oder Lotte.

Am Abend Von wegen New York! Auch Koreas Megametropole ist eine Stadt, die niemals schläft. Wenn die Seouler meist zwischen 20 und 21 Uhr ihren Arbeitstag vollbracht haben, geht der Abend erst richtig los ...

◀ Fast jeden Abend der Woche gibt es im Once in a Blue Moon (▶ S. 41) in Gangnam teils hochkarätige Livemusik.

Wenn Sie sich in das Nachtleben Seouls stürzen, können Sie zahlreiche interessante Beobachtungen machen und außergewöhnliche Orte entdecken. Sie bemerken etwa, wie Gruppen von Männern in Anzügen im nächsten Korean-Barbecue-Restaurant oder im nächsten »Hof-und-Bier« (ähnlich einer deutschen Kneipe) verschwinden. Häufig können Sie sicher sein, dass es sich dabei um Mitarbeiter handelt, die ihren Chef noch beim Trinken begleiten müssen. Der Hierarchie wegen und zur Wahrung der Aufstiegschancen. Sie spülen so viel hinunter, wie es der Chef verlangt, denn traditionell fordert der Ranghöchste oder Älteste seine Begleiter zum Trinken auf. Das ist dann auch manchmal zu viel … Und so kann es passieren, dass Sie auf der Straße oder in der U-Bahn auf »Anzugmänner« in tiefem Schlaf treffen. Eine Erfahrung wert ist sicherlich das koreanische Karaoke »Noraebang« (노래방) – ein großer Spaß. In kleinen, abgeschlossenen Räumen können Sie sich bei Bier und Snacks im Nachsingen koreanischer, englischer sowie einiger deutscher Lieder (»99 Luftballons« gibt es überall) ausprobieren.

Ausgeh-Orte: Hongdae, Iteawon und Gangnam

Die beliebtesten Locations zum Ausgehen sind **Hongdae**, **Itaewon** und **Gangnam** 2. Hongdae bezeichnet die Umgebung der Hongik University. Hier ist alles auf das junge Studentenpublikum ausgerichtet, die Preise sind sehr günstig. Etwas exklusiver ist es rund um Itaewon und Samgakji: In dieser Gegend tummeln sich viele Ausländer, das Angebot ist demzufolge etwas westlicher. Rund um die Gangnam Station ist es am teuersten. Nehmen Sie den Ausgang 11 und schon stehen Sie vor zahlreichen Bars, Nachtclubs und Noraebangs. Eine gute Übersicht über Veranstaltungen in Seoul bietet das offizielle Veranstaltungsportal der Stadt: www.visitseoul.net. Weitere Events finden Sie auch unter: www.mydestination.com/seoul/events/73.

WUSSTEN SIE, DASS …

… die Koreaner als die »Italiener Asiens« gelten? Zu Recht: Liebe und Leidenschaft sind das beliebteste Thema bei Tisch, in Liedern und im Fernsehen. Gibt's Probleme, brausen Koreaner gerne auf und legen auch mal Hand an.

BARS

Between ▶ Klappe vorne, c 3

Die Bar macht ihrem Namen alle Ehre, das Between ist eine Mischung aus Restaurant und Lounge. Es gibt geschmackvolle Cocktails und etwas teurere Pasta. Direkt an der Hauptstraße gelegen und eine der Top-Locations in Itaewon.

Yongsan-gu (Itaewon) • 199, Itaewon-ro • U-Bahn: Itaewon (Linie 6), Ausgang 2 • Tel. 7 95 61 64 • www.betweenitaewon.com • So–Do 11–2, Fr 11.30–4, Sa 11–4 Uhr

Chin Chin ▶ Klappe vorne, a 2

Sie mögen Makgeolli? Diese Reiswein-Bar gehört zu den besten in ganz Seoul. Die Dekoration – wie könnte es auch anders sein – besteht aus leeren Makgeolli-Flaschen.

MERIAN-Tipp 5

BEIM »NORAEBANG« DEN RICHTIGEN TON TREFFEN

▸ Klappe vorne, a 3

Egal, ob bei einer Party oder beim Barhopping – Noraebang gehört für Koreaner zum Ausgehspaß dazu. Noraebang heißt so viel wie »Singraum«. Ein kleiner Raum mit Sitzecke, Fernseher und zwei Mikrofonen – so ist der Singraum ausgestattet. Mithilfe einer Fernbedienung wählen die Probanden ihren Wunschsong aus. Für jeden richtig getroffenen Ton gibt es Punkte, die am Ende des Songs als Ergebnis auf dem Bildschirm erscheinen. Das Publikum kann die Sänger durch Klatschen oder mit den zum Raum gehörenden Trommeln beim Auftritt unterstützen. Mit den richtigen Getränken und Snacks singt es sich meist noch einfacher. Noraebangs finden Sie immer dort, wo sich Bars und Restaurants häufen, z. B.: das luxuriöses **Su Noraebang** mit berühmtem Service.
Mapo-gu (Hongdae) • 67, Eoulmadang-ro • U-Bahn: Hapjeong (Linie 2, 6), Ausgang 3 • skysu.com • tgl. 13–1 Uhr

Mapo-gu (Hongdae) • 103, Wausan-ro • U-Bahn: Hongik Univ. (Linie 2), Ausgang 5 • Tel. 3 34 14 76 • Mo–Sa 17.30–2, So 17.30–24 Uhr

Craftworks Taphouse

▸ Klappe vorne, c 3

Inzwischen hat das Craftworks Taphouse drei Locations. Hier kommt gutes Essen und selbst gebrautes Bier auf den Tisch. Dieses trägt klingende Namen wie Namsam Pure Pilsener oder Halla Mountain Golden Ale.
Yongsan-gu (Itaewon) • 238, Noksapyeong-daero, Myungsan Building, 1. Stock • U-Bahn: Noksapyeong (Linie 6), Ausgang 2 • Tel. 7 94 25 37 • www.craftworkstaphouse.com • Di–So 11–2 Uhr

Deutsches Haus ▸ Klappe vorne, d 3

Das Abbild einer typisch deutschen Kneipe: Der Inhaber wurde tatsächlich in Deutschland geboren und bringt jetzt Spezialitäten wie Bratwurst mit Kartoffelsalat in Seoul auf den Tisch. Dazu gibt es eine reichhaltige Auswahl an deutschen Bieren wie Paulaner, Erdinger oder Krombacher.
Yongsan-gu (Itaewon) • 46, Daesagwan-ro • U-Bahn: Itaewon (Linie 6), Ausgang 3 • Tel. 7 94 13 13 • tgl. 11.30–2 Uhr

Jipdonggarissaengju

▸ Klappe vorne, a 2

Hier wird Makgeolli (Reiswein) aus Metallkannen serviert. Probieren Sie doch einen Makgeolli-Cocktail. Erhältlich sind Geschmacksrichtungen wie Erdbeere und Kiwi.
Mapo-gu (Hongdae) • 74, Eoulmadang-ro • U-Bahn: Hongik Univ. (Linie 2), Ausgang 5 • Tel. 31 43 70 30 • tgl. 15–6 Uhr

Oktoberfest

Bayerische Bierkultur auf Koreanisch: Das »Oktoberfest« ist eine beliebte Bierhauskette. Neben frisch gebrautem Bier gibt es auch Radler.
– Mapo-gu (Hongdae) • 148, Yanghwa-ro • U-Bahn: Hongik Univ. (Linie 2), Ausgang 9 • Mo–Sa 16–1, So 16–24 Uhr

▸ Klappe vorne, a 2

– Seocho-gu • 12, Seocho-daero 73-gil • U-Bahn: Gangam (Linie 2, DX),

Derzeit die wohl angesagteste Adresse für Nachtschwärmer mit einem Faible für House- und Techno-Beats: Club Octagon (▶ S. 40) im New Hilltop Hotel in Gangnam.

Ausgang 9 • Tel. 34 81 88 81 • Mo–Fr 16–1, Sa 14–1, So 14–24 Uhr

▶ Klappe vorne, d 5

Pierrot Strike Bowl & Pub

▶ Klappe vorne, e 4

Feiern, Bowlen oder einfach Bier trinken – die Mischung ist einzigartig. Bis spät in die Nacht kann hier bei Schwarzlicht gebowlt werden. DJs sorgen für ausgelassene Partystimmung. Im Pub werden Salate, Pasta und Pizza zum Getränk gereicht. Um im Schwarzlicht der Bowlingbahn gesehen zu werden, lohnt es sich, weiße Kleidung zu tragen.

Gangnam-gu • 818, Seolleung-ro • U-Bahn: Apgujeong Rodeo (Linie Bundang), Ausgang 4 • Tel. 60 07 88 89 • tgl. 18–3 Uhr

Upperdeck Sportsbar

▶ Klappe vorne, c 3

Das Upperdeck ist eine amerikanische Sportsbar. Auf mehreren Etagen flimmern über die Flachbildschirme und Videoleinwände Baseballspiele, die Bundesliga und alle vier Jahre

natürlich die Fußballweltmeisterschaft. Dazu gibt es lokale und internationale Biere. Das Essen ist typisch amerikanisch geprägt.
Yongsan-gu (Itaewon) • 13, Hoenamu-ro • U-Bahn: Noksapyeong (Linie 6), Ausgang 2 • Tel. 7 49 12 23 • www.upperdeckkorea.com • Mo–Fr ab 17, Sa–So ab 11 Uhr

Vinyl ▸ Klappe vorne, a 3

Wer durch Hongdae spaziert, sollte auf jeden Fall einen Abstecher ins Vinyl machen. Die Straßenbar ist sehr beliebt. Viele Seouler nehmen hier ihren Cocktail in Trinkbeuteln mit.
Mapo-gu (Hongdae) • 61-1, Wausan-ro • U-Bahn: Sangsu (Linie 6), Ausgang 1 • Mo–Do 16–3, Fr–Sa 16–5 Uhr

Woodstock Gangnam

▸ Klappe vorne, d 5

Bar mit Jukebox-Charakter im Herzen Gangnams: Das Barpersonal erfüllt Musikwünsche von den 1950ern bis heute. Dazu gibt's Longdrinks und Cocktails aus aller Welt.
Gangnam-gu • 19, Gangnam-daero 96-gil • U-Bahn: Gangnam (Linie 2, DX), Ausgang 11 • www.woodstock.co.kr • tgl.18–1 Uhr

CLUBS

Club Answer ▸ Klappe vorne, e 4

Elektro-Musik auf drei Floors, die Licht- und Lasershow ist beeindruckend. Auch Lady Gaga ist hier schon aufgetreten. Die Clubs Octagon und Elui sind direkt um die Ecke.
Gangnam-gu • 535, Dosan-daero • U-Bahn: Cheongdam (Linie 7), Ausgang 13

Eden ▸ Klappe vorne, d 4

Die Lage sagt schon alles: Der Club befindet sich unter dem Ritz Carlton Hotel und ist einer der teuersten der ganzen Stadt. Das Interieur und die Kronleuchter erinnern an einen Ballsaal aus früheren Zeiten.
Gangnam-gu • 120, Bongeunsa-ro • U-Bahn: Sinnonhyeon (Linie 9), Ausgang 4 • Tel. 64 47 00 42 • www.eden-club.co.kr • Fr–Sa 21–6 Uhr

Ellui ▸ Klappe vorne, e 4

Ellui ist einer der größten Clubs in ganz Asien. Am Wochenende treten regelmäßig internationale Bands oder koreanische Stars auf. Auf dem Mainfloor wird House und Electro gespielt. Gute Garderobe ist Pflicht. Hier feiern nach Meinung vieler die schönsten Frauen von Seoul.
Gangnam-gu • 551, Dosan-daero • U-Bahn: Cheongdam (Linie 7), Ausgang 14 • Tel. 15 77 96 69 • Fr–Sa 22-6 Uhr

Octagon ▸ Klappe vorne, e 4

Gespielt wird House, Techno und andere elektronische Musik, das Innere erinnert an europäische Clubs. In der »Single Lounge« können einsame Herzen auf die Jagd nach dem oder der Liebsten gehen. Der Dresscode lautet hier ebenfalls: elegant!
Gangnam-gu • New Hilltop Hotel B1/B2 • 645, Nonhyeon-ro • U-Bahn: Hak-dong (Linie 7), Ausgang 4 • Tel. 5 16 88 47 • Do–Sa 22–7 Uhr

QVO ▸ Klappe vorne, a 3

Hier treffen sich vorzugsweise die einheimischen jungen Studenten der nahe gelegenen Hongik University. Die DJs legen Hip-Hop auf und alles, was in diese Richtung geht.
Mapo-gu (Hongdae) • 20-5, Jandari-ro • U-Bahn: Hongik Univ. (Linie 2), Ausgang 9 • Tel. 70 82 83 14 86 • Mo–Sa 21–5 Uhr

JAZZ

Club Evans
▸ Klappe vorne, a 3

Treffpunkt für junge Jazzfreunde. Das Evans ist nach der Jazzlegende Bill Evans benannt. Regelmäßig gibt es Livemusik, die Atmosphäre ist angenehm und ungezwungen.
Mapo-gu (Hongdae) • 63, Wausan-ro • U-Bahn: Sangsu (Linie 6), Ausgang 3 • Tel. 3 37 83 61 • www.clubevans.com • So–Do 19.30–24, Fr–Sa 19.30–1 Uhr

Once in a Blue Moon
▸ Klappe vorne, e 4

In dieser luxuriösen Bar treten Weltstars des Jazz auf. An fast jedem Abend der Woche gibt es Livemusik. Das Essen ist hochgelobt. Es stehen insgesamt 130 Weine zur Wahl.
Gangnam-gu • 824, Seolleung-ro • U-Bahn: Apgujeong Rodeo (Bundang-Linie), Ausgang 1 • Tel. 5 49 54 90 • www.onceinabluemoon.co.kr • 18–2 Uhr

KONZERTE, MUSICALS UND OPER

Blue Square
▸ Klappe vorne, d 3

Einer der Hauptspielplätze für Musicals in der Hauptstadt – ob »Mamma Mia!«, »Mozart« oder »Cats«. Hier gastieren öfters Originalensembles aus dem Londoner Westend und des New Yorker Broadway. Vor der Vorstellung lassen sich in der Umgebung einige gute Restaurants finden.
Yongsan-gu (Itaewon) • 294, Itaewon-ro • U-Bahn: Hangangjin (Linie 6), Ausgang 2 • www.bluesquare.kr • Tickets: http://ticket.interpark.com/global

Seoul Arts Center
▸ Klappe vorne, d 5

Das Arts Center wurde 1988 gegründet, um den Seoulern in fünf Gebäuden eine Mischung aus Musik und Kultur zu bieten. Bekannte Philharmonie- und Symphonieorchester sowie Pianisten gastieren hier. Dazu werden Opern aufgeführt und Ausstellungen veranstaltet. Im Außenbereich kann man im Sommer die **World Music Fountain** genießen.
Seocho-gu • 2406, Nambusunhwan-ro • U-Bahn: Nambu Bus Terminal (Linie 3), Ausgang 5, von hier Shuttlebus bei Veranstaltungen • www.sac.or.kr/eng

MERIAN-Tipp 6

REGENBOGENFONTÄNEN AN DER BANPO-BRÜCKE
▸ Klappe vorne, c 4

An der zweistöckigen Banpo-Brücke über den Hangang-Fluss können Sie ein besonderes Schauspiel bewundern: Über etwa 1 km sind dort Wasserfontänen angebracht. 380 Sprühköpfe, 200 Scheinwerfer und Dutzende Lautsprecher entlang des Ufers erwecken jeden Abend von April bis Oktober die Regenbogenfontänen zum Leben. Lichtstimmung und Fontänenform wechseln passend zur Musik.
In der Nähe liegt Some Sevit (Floating Island). Die riesige künstliche Insel besteht aus drei Teilen und beherbergt Ausstellungsräume, Restaurants sowie Aussichtspunkte. Mit 28 Ankerketten wird sie an ihrem Platz gehalten, am Abend ist sie eindrucksvoll beleuchtet.
Banpo-Brücke (Banpo) • U-Bahn: Express Bus Terminal (Linie 3, 7, 9), Ausgang B-8-1 • Fontänen April–Juni, Sept.–Okt. Mo–Fr 12, 20, 21, Sa, So 12, 17, 20, 20.30, 21, Juli, Aug. Mo–Fr 12, 20, 20.30, 21, Sa, So 12, 17, 19.30, 20, 20.30, 21, 21.30 Uhr

Im Fokus

Hallyu

Nicht nur Autos, Fernseher und Smartphones kommen aus Südkorea. Noch eine ganz andere Welle schwappt von hier aus über die Welt: Hallyu.

Hallyu heißt auf Deutsch so viel wie »Koreanische Welle«, seit dem Beginn der 1990er-Jahre Synonym für die koreanische Popkultur. Nicht nur Popsongs oder die unter dem Namen »Dramen« berühmt gewordenen Fernsehserien sind damit gemeint. Mittlerweile sorgt eine ganze Industrie ständig für Nachschub. Egal ob Spiele, Musik, Essen oder Filme: Die Nachfrage ist da. Weltweit.

In mehreren Schüben breitete sich die Hallyu-Welle über den Erdball aus. Zunächst in China: Mit dem Drama »Was ist Liebe« (»What is love«) startete hier ab 1991 die Erfolgsgeschichte von Hallyu. Die Chinesen lieben die 55 Episoden lange Serie rund um zwei Familien mit völlig unterschiedlichen Wertvorstellungen. Die eine: modern und aufgeschlossen. Die andere: konservativ und patriarchalisch. Gegensätze, die auch in der Wirklichkeit der asiatischen Welt aufeinanderprallen.

Genau dies machte die Dramen schnell im Rest der asiatischen Welt berühmt: Japan, Taiwan, Hongkong, Vietnam, in Indonesien und auf den Philippinen. Schon bald folgen die ersten Spielfilme und Songexporte. Überall ist Hallyu ein Erfolgsschlager.

Lee Min Ho ist mittlerweile in ganz Asien ein Star – dem ähnlichen kulturellen Hintergrund sei Dank. Er ist der Hauptdarsteller des ausgesprochen erfolgreichen Dramas »Meine Liebe

◄ Der Sänger und Rapper Park Jae-sang alias Psy (► S. 43) bei einem Konzert.

von den Sternen« (»My love from the stars«). Als erster Koreaner überhaupt erhielt er vom chinesischen Rundfunk den Preis für den besten Schauspieler. Selbst in Indonesien kleiden und stylen sich die Fans mittlerweile wie er.

Hallyu in Amerika und in der ganzen Welt

Doch auch kulturelle Grenzen halten die Hallyu-Welle schon lange nicht mehr auf. Die Refrains der meisten K-Pop-Songs sind mittlerweile eingängige Texte auf Englisch. Sound, Strophen und Auftritt orientieren sich an westlichen Popbands.

Daher ist es kein Wunder, dass die ganze Welt den »Gangnam-Style« von Psy kennt. Sein Lied gehört zu den meistgeklickten Youtube-Videos und ist eine Parodie auf die schillernde Glitzerwelt rund um das Gagnam-Viertel. Groups wie Girl's Generation oder EXO füllen mit ihren Shows die großen Hallen in Amerika.

Ganz nebenbei füllen sich auch die koreanischen Kassen. Das südkoreanische Fernsehen KBS verdient jedes Jahr Millionen Euro mit den Sendelizenzen – Tendenz steigend. Und all dies mit tatkräftiger Unterstützung der koreanischen Regierung. Schließlich steigert der kulturelle Export von Hallyu auch die Reputation des ganzen Landes.

Der Traum vom großen Durchbruch

Klar ist: Dieser Erfolg zieht den Nachwuchs an. Junge Asiaten fliegen in Scharen nach Seoul, um dort das Rüstzeug für ihre große K-Pop-Karriere zu erwerben. Die meisten von ihnen sind Schüler im Teenageralter. Sie kommen oft während der Ferien aus Japan, China oder Thailand. An den K-Pop-Akademien rund um das Gangnam-Viertel lernen sie Koreanisch, außerdem Gesang, Tanz und wie man sich richtig auf der Bühne bewegt.

Das ist harte Arbeit – nicht nur, weil der Unterricht anspruchsvoll ist und mehrere Stunden am Tag dauert. Wenn die Schüler ein paar Kilo zu viel auf die Waage bringen, kommt es immer wieder vor, dass sie von ihren Lehrern eine Diät verordnet bekommen. Einige Jugendliche unterziehen sich auch freiwillig einer Schönheitsoperation. Sie wollen aussehen wie ihre Idole: hellere Haut, offenere Augen, größere Nasen. All das wird in den zahlreichen plastischen Kliniken rund um die Gangnam Station angeboten.

Und all dies aus nur einem Grund: Sie wollen den Durchbruch erreichen und möglichst bei einer der zahlreichen Auditions der Jury ins Auge stechen. Und dann Teil einer Band, eines Dramas oder eines Spielfilms werden. Eben ein Star, der ein Stück auf der Hallyu-Welle durch die Welt surfen darf.

In Seoul können Sie Hallyu hautnah erleben. Am Wochenende gibt es viele Konzerte. Einen Überblick bietet die Webseite http://kpopconcerts.com.

Empfehlungen

Typische Filme sind »My Sassy Girl« aus dem Jahr 2001 sowie »Frühling, Sommer, Herbst, Winter und Frühling« von 2003. Unter den Dramen stechen »Full House« (2002), »Secret Garden« (2010), »My Love from the Stars« (2013/2014) und »Secret Love Affair« (2014) hervor. Unter den bekannten Exponenten der K-Pop-Musik wären 4Minute, Girl's Generation, EXO, Psy und Super Junior zu nennen.

Feste und Events

Religiöse Traditionen, Musik, Kunst, aber auch regionale Spezialitäten – Einheimische wie Besucher nutzen die Gelegenheit, dem Arbeitsalltag zu entrinnen und das Leben freudig zu genießen.

◄ Beim Laternenfestival (► S. 45) im November wohnen Zehntausende der kilometerlangen Parade bei.

JANUAR

Neujahr

Auf der Jongno-Kreuzung wird der Übergang ins neue Jahr ausgelassen gefeiert. Die Glocke im historischen Bosingak-Pavillon erklingt.

31. Dezember/1. Jan.

APRIL

Kirschblütenfestival

Mehrtägiges gemeinsames Bestaunen der Blütenpracht. Unzählige Imbissstände verlocken zur Schlemmerei. Besonders die 1,7 km lange Yeouiseoro auf Yeouido ist für ihre Blütenpracht bekannt.

Anfang April

MAI

Königlicher Ahnenschrein-Ritus

Zweistündiges konfuzianisches Ritual am Jongmyo-Ahnenschrein, an dem viele Nachfahren der königlichen Familien teilnehmen.

Erster Sonntag im Mai

Buddhas Geburtstag

Am achten Tag des vierten Mondmonats finden feierliche Zeremonien in den Tempeln statt. Der Umzug am Sonntag vor dem Geburtstag mit riesigen Lichtskulpturen ist einer der Höhepunkte. Die Lotuslaternenparade zieht vom Heunginjimun-Tor bis zum Jogyesa-Tempel.

25. Mai 2015, 14. Mai 2016, 3. Mai 2017

Insadong-Festival der traditionellen Kultur

Fröhliches Straßenfest am Naminsa-Platz: Die traditionelle Kultur wird in Vorführungen, Ausstellungen und Veranstaltungen vorgestellt.

Mehrere Tage im Mai

AUGUST

Seoul Fringe Festival

Unbekannte und experimentelle Künstler aller Genres stellen sich in Hongdae und rund um das Seoul Olympic Stadium dem Publikum vor. Die Kreativität zeigt sich in Performances an jeder Ecke.

Zwei Wochen Ende August–Mitte Sept. • www.seoulfringefestival.net

OKTOBER

Tag des Hangeul

Zur Erinnerung an die Einführung des von König Sejong im 15. Jh. entwickelten koreanischen Alphabets. Auf der Gwanghwamun Plaza und an anderen Sehenswürdigkeiten finden Mitmach-Vorführungen statt.

9. Oktober

Hi Seoul Festival

Straßenfest auf der Gwanghwamun Plaza, der Chyeonggye Plaza, der Seoul Plaza und in den umliegenden Straßen. Überwiegend nichtverbale Vorführungen und Installationen locken jährlich ca. 1 Mio. Besucher an. Besonders sehenswert sind die Trommeldarbietungen internationaler Gruppen auf der City Hall Plaza.

Eine Woche im Oktober • www.hiseoulfest.org

NOVEMBER

Seoul Laternen-Festival

Hunderte von Laternen, teils von internationalen Künstlern gestaltet, sind entlang des Flusses Cheonggyecheon ausgestellt.

Mehrere Wochen Anfang November • http://seoullantern.visitseoul.net

Familientipps

Für Kinder haben die Koreaner ein sehr offenes Herz. Und gerade weil sich der einheimische Nachwuchs am Wochenende vom Lernen erholen soll, wartet die Stadt mit zahlreichen Familienparks auf.

◂ Der gigantische Freizeitpark Lotte World (▸ S. 47) lässt sicher auch europäische Kinderherzen höher schlagen.

Children's Grand Park

▸ Klappe vorne, f 3

Der 530 000 qm große Park ist Picknickwiese, Zoo und Vergnügungspark zugleich. Ein Sprung unter die Fontänen des Musikbrunnens erfrischt besonders an heißen Tagen. Im Zoo können Tiger, Elefanten und exotische Vögel beobachtet werden. Auf dem Wasserspielplatz, im Adventure Land oder auf der Achterbahn gibt es jede Menge Action.

Gwangjin-gu • 216, Neungdong-ro • U-Bahn: Children's Grand Park (Linie 7), Ausgang 1 • www.childrenpark.or.kr • tgl. 5–22 Uhr (Zoo 5–18 Uhr) • Eintritt frei

Everland

▸ Klappe vorne, südl. f 5

Der erste Vergnügungspark Koreas liegt ca. 30 km vom Zentrum Seouls entfernt. Mit seinen großen Parkanlagen und den Fahrgeschäften mutet er wie die Disneyland-Resorts an, allerdings etwas kleiner. Der Indoor-Spaziergang mit 13 Attraktionen ist ein Kurs für jedes Wetter. Dazu zählen z. B. das fast realistisch anmutende K-Pop-Konzert eines computergesteuerten Hologramms, ein Autoscooter oder die Safari World mit echten Löwen und Tigern. Im rotierenden Haus können Sie jegliche räumliche Orientierung verlieren. Außerdem gibt es noch Zoo-, Spuk-, Kinder- und Familienspaziergänge.

Gyeonggi-do • 199, Everland-ro • Bus 5002 ab Gangnam Station, Ausgang 10; Bus 5700 ab Jamsil Station, Ausgang 6 • www.everland.com • tgl. 10–22 (Sommer), 10–20 Uhr (Winter) • Eintritt 46 000 Won, Kinder 36 000 Won

Korean Folk Village

▸ Klappe vorne, südl. f 5

Die einstündige Fahrt nach Suwon lohnt sich: Inmitten einer grünen Anlage können Sie nachempfinden, wie die Koreaner in der späten Joseon-Dynastie gelebt haben. Schausteller erwecken die ganze Szenerie zum Leben, als traditionelles Hochzeitspaar oder als Handwerker. Das ganze Jahr über finden verschiedene Themenschauen statt, die tiefe Einblicke in die Vergangenheit bieten.

Suwon • 90, Minsokchon-ro, Giheung-gu, Yongin-si, Gyeonggi-do • Anfahrt mit Expressbus 5001-1 ab Sinnonhyeon bzw. mit Expressbus 5001-1 ab Gangnam Station • www.koreanfolk.co.kr/multi/english • tgl. 9/9.30–17.30/19 Uhr • Eintritt 15 000 Won, Kinder 10 000 Won

Lotte World

▸ Klappe vorne, östl. f 4

Der Vergnügungspark im Herzen der Stadt besteht aus zwei Themenbereichen: der Insel »Magic Island« und dem Indoor-Bereich »Adventure«. Erleben Sie den freien Fall aus 70 m Höhe vom Freefalltower »Gyro Drop«. Oder drehen Sie mit Schwanentretbooten eine Runde auf dem See. Die Kleinsten können im Kinderriesenrad fahren. Und wenn es regnet? Auch im Indoor-Bereich gibt es allerhand zu erleben. Lassen Sie sich etwa von der Schiffschaukel »The Conquistador« durchschaukeln. Entspannter geht es zu bei »Vladimir's Magic Show« oder im Kindermusical »Thumbelina« im Fairytale-Theater.

Songpa-gu (Jamsil) • 240, Olympic-ro • U-Bahn: Jamsil (Linie 2, 8), Ausgang 3, 4 • http://global.lotteworld.com • Mo–Do 9.30–23, Fr–So 9.30–22 Uhr • Eintritt 46 000 Won, Jugendliche 40 000 Won, Kinder 12 000–36 000 Won

Von der Bergstation der Seilbahn auf den Namsan (► S. 70) bietet sich ein weiter Blick auf das in das Bukhansan-Gebirge (► S. 52) eingebettete Herz Seouls.

Unterwegs **in Seoul**

Der breite Hangang-Fluss, historische Stätten sowie kleine und große Parkanlagen schaffen Ruhepunkte in der quirligen, dicht gedrängten und zwischen den umliegenden Bergen eingezwängten Stadt.

Sehenswertes

Die gelungene Symbiose aus Vergangenheit und Gegenwart bildet in Seoul den Rahmen für ein Kaleidoskop überaus spannender, abwechslungsreicher und unverwechselbarer Entdeckungen.

◂ Früher schützten die Palastwächter am Gwanghwamun-Tor (▸ S. 59) den König, heute begrüßen sie die Besucher.

Hier ein Königspalast, dort ein Markt, ein Tempel, ein Königsgrab, etwas Shopping und etwas Kultur – wer die Metropole im Schnelldurchgang abhakt, hat die »Seele Asiens« (»Seoul – the Soul of Asia«) nicht wirklich erlebt. Man braucht Muße, um die meist hektische Millionenstadt wirklich zu entdecken.

Die Königspaläste mit ihrer teilweise über 600-jährigen Geschichte gehören zu den eindrucksvollsten Sehenswürdigkeiten. Während Seoul fast überall den Eindruck einer engen, kompakten Stadt erweckt, bieten die Paläste unerwartete Weite mit viel Platz. Auch die rund 1500 kleinen und größeren Parkanlagen zaubern grüne Kontraste in das Häusermeer. Noch mehr Grün bieten die Bergwälder und Gebirgslandschaften am Rand von Seoul, die zum Bergwandern und Felsklettern einladen.

Vielfältige Architektur

Bis vor wenigen Jahren noch als Geheimtipp gehandelt, ist das historische Wohnviertel Bukchon heute fest in der Hand einheimischer und ausländischer Besucher. Als neuer Geheimtipp könnte sich die Garosugil-Straße entwickeln. Hier kann man miterleben, wie ein neuer Hotspot entsteht. Es vergeht kaum eine Woche, in der nicht ein neues Geschäft oder Restaurant eröffnet.

Erdwall-Festungen sind typische Beispiele früher Bautätigkeit im Seouler Raum, und die gut erhaltene Jeongotgyo-Brücke aus dem 15. Jh. zeigt die bereits damals hoch entwickelte Baukunst. Gegen Ende des 19. Jh. wurde die über 500 Jahre vorherrschende einstöckige Holzbauweise langsam durch den Einsatz von Stein abgelöst. Noch erhaltene, frühe westliche Gebäude sind z. B. die Myeongdong-Kathedrale, die Jeongdong-Kirche oder das Seokjojeon im Deoksugung-Palast.

Mit dem verstärkten Wirtschaftswachstum ab den 1960er-Jahren nahm auch die Bautätigkeit stark zu. Es folgten immer höhere Geschäftshäuser, die heute die Skyline Seouls bestimmen. Die ebenfalls reichlich entstandenen Betonchaos-Bausünden aus der Zeit nach dem Ende des Koreakriegs verschwinden immer mehr aus dem Stadtbild. Beeindruckendes Beispiel dafür ist die Freilegung des Flusses Cheonggyecheon.

Mit dem ausgedehnten Liniennetz der U-Bahn lassen sich fast alle Ziele bequem und schnell erreichen. Mit der T-Money Card ist die Nutzung besonders einfach und preiswert.

SEHENSWERTES

Bongeunsa-Tempel (봉은사) 3

▸ Klappe vorne, e 4

Historisch interessant und ungewöhnlich inmitten des hochmodernen Stadtteils Samseong-dong, nördlich des COEX-Zentrums gelegen, ist der Tempel eine heilige Oase der Ruhe und Wallfahrtsort für Laienbuddhisten. Viele Kunstschätze machen Bongeunsa zu einem beliebten und interessanten Kulturzentrum. Vom hinteren Teil des stark ansteigenden Tempelgeländes bietet sich ein Fernblick über die Tempeldächer hinweg auf Teile des geschäftigen Gangnam-gu.

Yeon-hoe, seinerzeit der höchstrangige Mönch der Silla-Periode, gründete den Tempel 794. Während

des Koreakriegs (1950–1953) wurden die meisten Gebäude im Tempel stark beschädigt, sodass die heutigen Bauten überwiegend aus neuerer Zeit stammen. Für Besucher werden regelmäßig Führungen, Meditationsprogramme und Teezeremonien durchgeführt. Speziell für Ausländer gibt es donnerstags von 14–16 Uhr eine Einführung in das Tempelleben.
Gangnam-gu • 531, Bongeunsa-ro • U-Bahn: Samseong (Linie 2), Ausgang 5, 6 • tgl. 4–21 Uhr • Eintritt frei

Bukchon-Hanok-Dorf (북촌한옥마을) 4

▸ Klappe vorne, c 1

Das Stadtviertel Bukchon (nördliches Dorf) war während der Joseon-Dynastie Wohnort für Adlige und hohe Beamte. Die Lage zwischen den beiden Palästen Gyeongbokgung und Changdeokgung erlaubte es den Beamten, schnell zur Stelle zu sein, wenn der König rief. Die Südlage mit Blick auf den Berg Namsan bot den Bewohnern eine grandiose Aussicht, und so entwickelte sich Bukchon zu einer exklusiven Wohngegend.
Von den traditionellen koreanischen Häusern sind noch etwa 900 erhalten. Seit der Jahrtausendwende hat die Stadtverwaltung den Bezirk als erhaltenswert eingestuft. Dank behutsamer Restaurierung und Verschönerung blieb der nostalgische Flair des Viertels mit seinen engen und steilen Gassen zum größten Teil erhalten. Einige Hanoks dienen als Gästehäuser, in denen man wohnen kann, ohne auf modernen Komfort verzichten zu müssen. Künstler und Handwerker öffnen ihre Hanoks und Werkstätten für Besucher, und eine Reihe privater Hanoks sind ebenfalls für Interessierte geöffnet.
Unzählige Boutiquen, Galerien, Cafés und Restaurants entlang der Samcheong-dong-Straße sind ein weiterer Touristenmagnet. Inzwischen ist Bukchon eine bei Urlaubern wie Einheimischen beliebte Attraktion.
Infos zu Führungen durch das Viertel und mobile GPS-Informationssysteme (kostenlose Ausleihe) gibt es im Bukchon-Kulturzentrum.
Jongno-gu • U-Bahn: Anguk (Linie 3), Ausgang 2 • http://bukchon.seoul.go.kr/eng

Bukhansan-Nationalpark (북한산국립공원) 5

▸ Klappe vorne, nördl. c 1

Das überwiegend gebirgige, über 80 qkm große, im Norden an Seoul grenzende Gebiet wurde 1983 zum 15. Nationalpark Koreas erklärt. Die unmittelbare Nähe zu Seoul und die schnelle Erreichbarkeit mit Auto oder U-Bahn machen den Nationalpark zu einem beliebten Ausflugsziel für Wanderer und Bergsteiger.
Höchste Erhebung ist mit 836 m der **Baegundae**, der einen Blick auf Seoul und den die Stadt durchfließenden Hangang bietet. Die über 200 m hohen Felswände am **Insubong** sind bei Felskletterern weltbekannt. Das Gebiet ist von beschilderten Wanderwegen durchzogen, die zu unzähligen Gipfeln oder Granitfelsen führen. Neben der grandiosen, von kristallklaren Bächen durchzogenen Natur sorgen rund 1300 verschiedene Tier- und Pflanzenarten sowie Hunderte von Klöstern, Einsiedeleien und anderen Kulturdenkmälern für weitere Abwechslung.
Es gibt weit über 30 Eingänge in den Nationalpark, mit der U-Bahn ist der Bezirk Dobong am einfachsten zu erreichen. Ein zusätzlicher Anzie-

hungspunkt ist seit 2009 der direkt neben dem U-Bahnhof Dobongsan gelegene **Botanische Park** am Jungnangcheon (Seoul Iris Garden).
U-Bahn: Dobongsan (Linie 1, 7), Ausgang 1 • http://english.knps.or.kr • Eintritt frei

Changdeokgung-Palast (창덕궁)

▸ Klappe vorne, c 1

Der dritte Herrscher der Joseon-Dynastie, König Taejong, ließ dieses Bauwerk 1405 als Nebenpalast erbauen. Insgesamt regierten 13 Könige das Land 258 Jahre lang aus dem Changdeokgung. Unter diesem Gesichtspunkt ist der Palast von größerem historischem Wert als der Gyeongbokgung. Mit der erzwungenen Unterschrift von König Sunjong unter das japanische Annektierungsabkommen endete hier am 29. Oktober 1910 die Joseon-Dynastie.
Um die Gebäude den topografischen Gegebenheiten entsprechend in das leicht wellige Gebiet des Eungbong-Tales harmonisch zu integrieren, konnte der Palast nicht in der üblichen strengen Anordnung angelegt werden. Das »Layout« der Gebäude im Changdeokgung ist daher freizügiger und lockerer. Dies bewirkt im Vergleich zu anderen Palästen ein natürlicheres Erscheinungsbild.
Bekannt ist der Changdeokgung auch für seinen sogenannten **Geheimen Garten** (Huwon) im nördlichen Teil des Geländes. Traditionelle koreanische Gartenkunst stellt hier einen Ausschnitt der Natur dar, in der sich die Monarchen erholen konnten.
Jongno-gu • 99, Yulgok-ro • U-Bahn: Anguk (Linie 3), Ausgang 3 • http://eng.cdg.go.kr • Feb.–Mai, Sept.–Okt. tgl. 9–18, Juni–Aug. 9–18.30, Nov.–Jan. 9–17.30 Uhr • Eintritt 3000 Won, Garten 5000 Won, Kombiticket für vier Paläste und Jongmyo-Schrein 10 000 Won

Changgyeonggung-Palast (창경궁)

▸ Klappe vorne, c 1

Der Changgyeonggung wurde 1484 im Auftrag von König Seongjong erbaut. Unter dem Namen Suganggung hatte König Sejong nach seiner

Fahrzeiten mit öffentlichen Verkehrsmitteln (in Minuten) zwischen wichtigen Sehenswürdigkeiten (* Fußweg)

	Bongeunsa-Tempel	Bukchon-Hanok-Dorf	Bukhansan-Nationalpark	Cheonggye-cheon	Dongdaemun Design Plaza	Gyeongbok-gung-Palast	Munmyo-Schrein	N Seoul Tower	Sungnyemun-Tor	Wongudan-Altar
Bongeunsa-Tempel	–	68	75	63	50	66	70	69	65	50
Bukchon-Hanok-Dorf	68	–	60	34	36	21	48	43	40	25
Bukhansan-Nationalpark	75	60	–	52	46	58	55	62	58	58
Cheonggyecheon	63	34	52	–	26	13*	43	42	24	10*
Dongdaemun Design Plaza	50	36	46	26	–	30	28	27	23	20
Gyeongbokgung-Palast	66	21	58	13*	30	–	46	41	37	25
Munmyo-Schrein	70	48	55	43	28	46	–	40	36	30
N Seoul Tower	69	43	62	42	27	41	40	–	29	35
Sungnyemun-Tor	65	40	58	24	23	37	36	29	–	10*
Wongudan-Altar	50	25	58	10*	20	25	30	35	10*	–

Thronbesteigung im Jahr 1418 bereits einen Vorläufer dieses Palastes für seinen alternden Vorgänger, König Taejong, errichten lassen.

Während der japanischen Besatzungszeit Anfang des 20. Jh. wurde der überwiegend als Wohnpalast genutzte Changgyeonggung verkleinert und mit einem zoologischen und botanischen Garten ausgestattet. Die Seouler Stadtverwaltung ließ den Zoo 1983 verlegen und begann mit der Restaurierung des Palastes.

Nach alter Tradition sind die Gebäude innerhalb der Paläste immer nach Süden ausgerichtet. Im Changgyeonggung blickt der Arbeitsraum des Königs allerdings nach Osten. Der Grund dafür ist, dass der Ahnenschrein Jongmyo im Süden lag und man nach konfuzianischer Tradition keine Tür in Richtung auf den Ahnenschrein bauen durfte.

Heute ist der Changgyeonggung-Komplex durch eine viel befahrene Straße (Yulgongno) vom Ahnenschrein getrennt. Eine Fußgängerbrücke verbindet die Palastanlage mit dem Ahnenschrein Jongmyo (▸ S. 67), sodass man nur einmal den Eintrittspreis bezahlen muss.

Jongno-gu • 185, Changgyeonggung-ro • U-Bahn: Hyehwa (Linie 4), Ausgang 4, alternativer Zugang vom Jongmyo-Königsschrein • http://cgg.cha.go.kr • Feb.–Mai, Sept.–Okt. Di–So 9–18, Juni–Aug. 9–18.30, Nov.–Jan. 9–17.30 Uhr • Eintritt 1000 Won, Kombiticket für vier Paläste und Jongmyo-Schrein 10 000 Won

Cheonggyecheon (청계천) 6

▸ S. 116–119, C 3–F 7

Bereits 1394, zu Beginn der Joseon-Dynastie, war das Cheonggyecheon-Flüsschen ein Spiegelbild des Lebens in Seoul. Hier wurde gewaschen, getratscht, und Kinder vergnügten sich im Spiel. 1760 begann die Regierung, den Fluss zu regulieren, um Überflutungen zu verhindern. Nach dem Ende des Koreakriegs 1953 begann in rasantem Tempo der Wiederaufbau Seouls. Flüchtlinge errichteten ihre Baracken am Ufer, und der »Strom aus klarem Wasser« (so die Übersetzung von Cheonggyecheon) verwandelte sich in eine üble Brühe, kaum besser als ein Abwasserkanal.

In den 1960er-Jahren wurde das Flussbett des Cheonggyecheon mit einer Schnellstraße überbaut, die gleichzeitig auch den unansehnlich gewordenen und stinkenden Fluss versteckte. Zuletzt fuhren hier rund 170 000 Fahrzeuge täglich. Zwischen 2002 und 2005 wurde der Cheonggyecheon mit einem Kostenaufwand von über 400 Mio. € wieder freigelegt, und die Ufer wurden in Spazierwege umgewandelt.

Rechts und links dieses ökologischen Bandes fließt zwar weiterhin der Verkehr, aber bei Koreanern und Touristen wird diese Attraktion begeistert aufgenommen. Rund 100 000 Erholung Suchende legen täglich entlang des Flusses eine kleine Pause ein oder machen einen Spaziergang quer durch Seoul. Insbesondere in den schwül-heißen Sommermonaten ist der einige Meter unter dem Straßenniveau liegende Grüngürtel eine Oase der Kühle. Die Cheonggye Plaza neben dem Ilmin-Kunstmuseum, Startpunkt des freigelegten Teilstücks, bietet mit ihrer farbigen Beleuchtung und den illuminierten Wasserkaskaden besonders nachts einen reizvollen Anblick.

U-Bahn: Gwanghwamun (Linie 5), Ausgang 5

Cheongwadae (청와대)

▸ Klappe vorne, c 1

Die blauen Dachziegel (früher war diese Farbe dem königlichen Palast vorbehalten) gaben dem Blauen Haus, dem Sitz des koreanischen Präsidenten, seinen Namen. An der Stelle des heutigen Präsidentenpalastes ließ König Sukjong aus der Goryeo-Dynastie im Jahr 1104 eine königliche Villa erbauen. Mit dem Bau des Gyeongbokgung 1395 wurde der Bereich der Villa zum rückwärtigen Garten des Palastes.

Während der japanischen Kolonialbesatzung ab 1910 wurden die meisten Gebäude im hinteren Garten abgerissen. 1939 errichteten die Japaner eine Gouverneursresidenz (Gyeongmudae) am Platz des heutigen Cheongwadae. Um nicht ständig an die japanische Kolonialzeit erinnert zu werden, änderte Präsident Yun Bo-seon die Bezeichnung 1960 in den noch heute gebräuchlichen Namen Cheongwadae.

Aber erst Roh Tae-woo (Präsident Koreas 1988–1993) ließ das alte japanische Verwaltungsgebäude abreißen. Er entfernte damit ein bedeutendes Symbol der japanischen Besatzungsmacht und unterstützte die Aufbruchsstimmung in Korea. Der neue jetzige Präsidentenpalast wurde 1991 fertiggestellt.

Aus geomantischer Sicht hat Cheongwadae eine sehr glückliche Lage. Am Fuß des Bugaksan gelegen, schützt dieser Berg gegen böse Einflüsse aus dem Norden. Im Süden bietet der Namsan Sicherheit. Gleichzeitig lässt das klare Wasser der Flüsse Cheonggyecheon und Hangang alle guten Kräfte hereinfließen.

Von Dienstag bis Freitag und jeden 2. und 4. Samstag des Monats gibt es Gratisführungen (10, 11, 14, 15 Uhr). Für die Teilnahme muss mindestens

Der Baustil des farbenprächtigen Eingangs zum Huijeongdang, einst der Arbeitsplatz des Königs im Changdeokgung-Palast (▸ S. 53), zeigt erste westliche Einflüsse.

Gemeinsame Entspannung im Dragon Hill Spa (▸ MERIAN-Tipp, S. 57). Die Jimjilbang genannten öffentlichen Badehäuser mit Sauna haben rund um die Uhr geöffnet.

drei Wochen zuvor eine Anmeldung auf english.president.go.kr erfolgen.
Jongno-gu • U-Bahn: Gyeongbokgung (Linie 3), Ausgang 5 • http://english.president.go.kr • Eintritt frei

Daehangno (대학로)

▸ Klappe vorne, d 1

Das »Viertel an der Universitätsstraße«, so die wörtliche Übersetzung, ist das Herz der Seouler Theater- und Kunstszene. Ursprünglich von reiner Jugendkultur geprägt, zogen seit etwa 1980 immer mehr kleine Theater an die Daehangno. Inzwischen gibt es in den Seitenstraßen Dutzende von Spielstätten, von denen die meisten lediglich über ein paar Handvoll Plätze verfügen und in familiärer Atmosphäre einen besonders intensiven Kontakt mit den Schauspielern bieten. Über die Jahre entwickelte sich ein kulturelles Quartier, dem Kunsthallen, Musikcafés, Kinos, Imbissstuben und Restaurants folgten. Heute ist Daehangno eines der bedeutendsten Zentren für die darstellenden Künste in Korea, in dem sich mehr als die Hälfte aller Theater Seouls befinden. Oft begeben sich Zuschauer und Künstler nach der Vorstellung gemeinsam in die umliegenden Restaurants. Dort lädt neben koreanischen, asiatischen oder westlichen Angeboten die sogenannte Fusion-Küche (Kombinationen von Spezialitäten verschiedener Länder) zu einer lukullischen Entdeckungsreise ein. Selbst ein deutsches Restaurant öffnet in diesem »Schwabing Seouls« seine Pforten.

Während sich Theater, Liveclubs, Jazzbars, Cafés und Restaurants auf der Ostseite der Daehangno konzentrieren, präsentiert sich westlich Richtung der Sungkyunkwan-Universität eine gemütliche Einkaufsmeile, in der man viel jugendliche Mode und preiswerte Snacks findet. Auf dem Gelände der Sungkyunkwan-Universität lassen sich konfuzianische Gebäude und Tempel (Munmyo-Schrein, MERIAN-Tipp ▸ S. 69) aus der Joseon-Dynastie besichtigen.

Jongno-gu • Hyehwa-dong • U-Bahn: Hyehwa (Linie 4), alle Ausgänge

Deoksugung-Palast (덕수궁)

▸ S. 116, B 4

Der Deoksugung (Palast der tugendhaften Langlebigkeit) liegt im Herzen Seouls, vom Rathaus und der City Hall Plaza nur durch eine mehrspurige Hauptverkehrsstraße getrennt. Durch seine zentrale Lage ist der Deoksugung der einzige Palast Seouls, der in unmittelbarer Nähe von modernen Hochhäusern flankiert wird.

Ursprünglich diente das Anwesen lediglich als Residenz von Prinz Wolsan (1454–1488). Nach der Zerstörung aller Königspaläste während der japanischen Invasion 1592 wurde der Deoksugung von 1608 bis 1615 ersatzweise zum königlichen Palast. Erst 1897 nutzte Kaiser Gojong ihn wieder als Herrschaftssitz. Er lebte hier bis zu seinem Tod 1919. **Jeonggwanheon** und **Seokjojeon** waren die ersten innerhalb eines

MERIAN-Tipp 7

EIN JIMJILBANG AUSPROBIEREN

▸ Klappe vorne, b 4

Das koreanische Jimjilbang ist kaum mit einer deutschen Sauna vergleichbar. An der Kasse erhalten Sie ein T-Shirt, eine kurze Hose und den Schlüssel zu Ihrem Schrank. In den Gemeinschaftsbereichen tragen Sie nur das T-Shirt und die Hose vom Eingang. Die Saunen und Bäder sind nach Geschlechtern getrennt. Genießen Sie das Abtauchen in einem der Bäder (20–42 °C) oder schwitzen Sie sich in einer Sauna aus. Nach dem Wellnessprogramm können Sie sich an der Bar stärken. Wer nicht nach Hause will, kann auf dem geheizten Boden übernachten. Für Frauen gibt es häufig eigene Schlafräume. Das Jimjilbang ist auch einen Besuch wert, wenn Sie die letzte U-Bahn verpasst oder kein Hotelzimmer bekommen haben. Denn: Jimjilbangs gibt es fast überall, und sie sind rund um die Uhr geöffnet. Ein beliebtes Spa ist:

Dragon Hill Spa • Yongsan-gu • 40, Hangang-daero 21na-gil • U-Bahn: Yongsan (Linie 1), Ausgang 4 • http://dragonhillspa.com • tgl. 0–24 Uhr • Eintritt Mo–Fr 5–20 Uhr 10 000 Won, 20–5 Uhr und Sa, So 12 000 Won, Kinder 6000 Won

Palastes errichteten Gebäude im westlichen Stil. Sie kontrastieren mit der traditionell erbauten Thronhalle **Junghwajeon** und zeugen von den Modernisierungsversuchen Gojongs. Durch die Japaner wurde 1938 das ursprüngliche Eingangstor **Gwangmyeongmun** in den Südwestteil des Geländes verlegt. Es dient heute als Unterstand für die älteste und größte Wasseruhr der Welt. Dieser Kulturschatz von 1434 konnte zu einer bestimmten Stunde automatisch eine Glocke anschlagen. Außerdem steht hier eine Batterie, mit der raketengetriebene Pfeile 100 bis 150 m weit verschossen werden konnten – die älteste Waffe, für die noch Originalbaupläne vorhanden sind. Auf dem kleinen Platz vor dem **Daehanmun-Tor**, dem jetzigen Haupteingang, findet um 11, 14 und 15.30 Uhr ein Wachwechsel der königlichen Garde statt.

Jung-gu • 99, Sejong-daero • U-Bahn: City Hall (Linie 1, Ausgang 2, Linie 2, Ausgang 12) • http://deoksugung.go.kr/eng • Di–So 9–21 Uhr • Eintritt 1000 Won, Kombiticket für vier Paläste und Jongmyo-Schrein 10 000 Won

Dongdaemun Design Plaza (동대문디자인플라자)

▸ S. 119, F 8

Das im März 2014 eröffnete neueste Wahrzeichen der koreanischen Designindustrie befindet sich im Herzen des Dongdaemun-Modeviertels. Das von der irakischen Architektin Zaha Hadid gestaltete Bauwerk besitzt nur geschwungene Linien und kurvige Übergänge, von außen wirkt es wie ein utopisches Raumschiff. Der achtgeschossige Designkomplex soll Koreas Hauptstadt endgültig als neues Fashion-Zentrum für ganz Ostasien etablieren. Das 87 000 qm große Areal beherbergt Ausstellungsflächen, Kongresshallen, Seminarräume, ein Designmuseum, einige Bildungszentren und Labore für Materialentwicklungen.

Während der Bauarbeiten wurden historische Artefakte, Teile der Stadtmauer und ein altes Schleusentor freigelegt, die im **Dongdaemun History and Culture Park** gewürdigt werden. Der nahtlose Übergang vom begrünten Dach des DDP zum Park bildet eine einzigartige Einheit von Design, Kultur und Geschichte. Ganz in der Nähe liegt auch der **Dongdaemun-Markt** (▸ S. 35).

Jung-gu • 281, Eulji-ro • U-Bahn: Dongdaemun History & Culture Park (Linie 2, 4, 5), Ausgang 1, 10 • www.ddp.or.kr • Park 0–24, DDP Di–So 10–21 Uhr • Eintritt Park frei, DDP 8000 Won

Erdwall-Festungen

▸ Klappe vorne, östl. f 4

Aus der Zeit des frühen Baekje-Reiches (18 v. Chr.–660 n. Chr.) stammen zwei Aufschüttungen, die im Zusammenspiel mit vorhandenen topografischen Gegebenheiten als Sicherung gegen Eindringlinge dienten.

Die **Mongchontoseong-Erdfestung** (몽촌토성) befindet sich im westlichen Teil des Olympia-Parks. Erst als bekannt wurde, dass in diesem Bereich die Olympischen Spiele von 1988 stattfinden sollten, wurden erste Grabungen durchgeführt. Neben Gegenständen des täglichen Lebens fanden die Wissenschaftler auch Reste von Palisaden. Es scheint, dass 2 m hohe Holzzäune die Erdwälle gegen Überfälle aus dem Norden zusätzlich verstärkten. In einem Museum geben die gefundenen Stücke einen Einblick in die frühe Baekje-Zivilisation.

Die **Pungnaptoseong-Erdfestung** (풍납토성) in Form eines gestreckten Ovals hatte ursprünglich einen Umfang von 4 km. Teile der Anlage wurden 1925 bei einer Flut fortgespült, lediglich ein 2,7 km langer Rest blieb erhalten. Die Erdmauer ist bis zu 11 m hoch und am Fuß bis zu 43 m breit. Heute stellen sich die Überreste als grasbewachsener Wall dar, der von einer normalen Wohnbebauung gesäumt wird. Von der U-Bahnstation Gangdong-gu Office in Richtung der Olympiabrücke kann man den größeren erhaltenen Teil der Erdfestung erreichen. Hier führt ein Fußweg an bzw. auf dem Wall entlang.

– Mongchontoseong • Songpa-gu • 424, Olympic-ro • U-Bahn: Mongchontoseong (Linie 8), Ausgang 1 • Eintritt frei
– Pungnaptoseong • Songpa-gu • Pungseong-ro 20-gil • U-Bahn: Gangdong-gu Office (Linie 8), Ausgang 5 • Eintritt frei

Garosugil-Straße (가로수길)

▸ Klappe vorne, d 4

Garosugil (»von Bäumen gesäumte Straße«) ist prall gefüllt mit Straßencafés, Boutiquen, Weinlokalen und Restaurants im europäischen Stil. Dabei wird die ursprünglich eindeutige Affinität zu allem Französischen in diesem »Europa in Seoul« inzwischen immer mehr durch italienische, aber auch japanische Gaststätten verdrängt.

Der 700 m lange, auf beiden Seiten mit Ginkgobäumen bestandene Boulevard bietet mehr Charme als die etwas weiter nach Osten liegenden Bereiche Apgujeong und Cheongdam-dong. In den Sommermonaten spendet das grüne Blätterdach wohltuenden Schatten, während man seinen Latte genießt oder an den Schaufenstern entlangbummelt.

Innerhalb weniger Jahre hat sich die offiziell als Dosan-daero buk 5-gil (도산 대로 북 5길) bekannte Straße zu einem angesagten Bereich entwickelt. Garosugil's Restaurants, Cafés und Geschäfte sind überwiegend eng und klein und bieten eine behaglich-familiäre Atmosphäre. Die Gegend ist einem ständigen Wechsel unterworfen. Franchise-Ketten versuchen verstärkt Niederlassungen einzurichten. Neue und kleinere Geschäfte ziehen sich deshalb in die Nachbarstraßen mit günstigeren Mieten zurück.

Gangnam-gu • Sinsa-dong • U-Bahn: Sinsa (Linie 3), Ausgang 8, dritte Straße links

Futuristisches Design kennzeichnet die Dongdaemun Design Plaza (▸ S. 58).

Gwanghwamun-Tor (광화문)

▸ S. 116, B 1

Das Gwanghwamun ist die Hauptpforte und mit seinen drei nebeneinanderliegenden bogenförmigen Durchgängen und dem doppelstöckigen Aufbau zugleich auch das eindrucksvollste Tor des Gyeongbokgung-Palastes (▸ S. 60). Der Name Gwanghwamun bedeutet »Tor der Aufklärung«. Es entstand 1399, kurz nach Beginn der Joseon-Dynastie, und symbolisiert die Erneuerung des Landes durch die Etablierung eines neuen Herrschergeschlechts.

Das Gwanghwamun-Tor wurde mehrere Male zerstört und zuletzt 1968 aus Beton rekonstruiert. Im Rahmen der Neugestaltung des Bereichs vor dem Gyeongbokgung wurde der Einlass 2007 demontiert und durch eine dem Original der Joseon-Dynastie entsprechende hölzerne Rekonstruktion ersetzt. Die offizielle Einweihung dieses nationalen Symbols erfolgte am 15. August 2010 im Rahmen einer Feierstunde zum 65. Jahrestag des Endes der japanischen Besatzung, durch den koreanischen Präsidenten Lee Myung-bak. Zwischen 10 und 16 Uhr findet ein stündlicher Wachwechsel der Torwächter statt.

Jongno-gu • U-Bahn: Gyeongbokgung (Linie 3), Ausgang 5

Gwanghwamun Plaza
(광화문 광장) ▸ S. 116, B 1/2

Durch die Reduzierung von 16 auf zehn Fahrspuren entstand vor dem Gyeongbokgung-Palast (▸ S. 60) ein 34 m breiter und 557 m langer Fußgängerbereich, der 2009 der Öffentlichkeit übergeben wurde. Zusammen mit dem Gwanghwamun-Tor (▸ S. 59) stellt die Gwanghwamun Plaza die historische Bedeutung des Bereichs vor dem Palast als Zentrum der koreanischen Geschichte, Politik und Kultur wieder her.

Verschiedene Gestaltungselemente, Symbole und Figuren zeigen den Wandel von der Joseon-Dynastie bis heute. Modernste LED-Technik sorgt bei Dunkelheit für eine effektvolle Beleuchtung. Das Denkmal von Admiral Yi Sun Shin ist von Wasserspielen umgeben, die seine Siege im 16. Jh. und die dabei eingesetzten »Schildkrötenschiffe« thematisieren. Eine neue, 20 t schwere Bronzestatue von König Sejong, der im 15. Jh. die koreanische Schrift Hangeul entwickelte, wurde am 9. Oktober 2009 (Hangeul-Tag) feierlich eingeweiht. Ein wenig versteckt hinter dem Monument befindet sich der Eingang zu einem sehenswerten **Museum** (▸ MERIAN-Tipp, S. 79), das die Geschichte von König Sejong und Admiral Yi Sun Shin nachzeichnet.

Jongno-gu • Sejong-daero • U-Bahn: Gwanghwamun (Linie 5), Ausgang 2

Gyeongbokgung-Palast
(경복궁) 7 ▸ S. 116, B/C 1

König Taejo, der Gründer der Joseon-Dynastie, ließ diesen Prachtbau in den ersten Jahren seiner Regentschaft errichten. Am 29. November 1394 wurde Hanyang (das heutige Seoul) zur neuen Hauptstadt, und gleichzeitig begannen die Arbeiten an dem königlichen Herrschersitz. Der Gyeongbokgung ist damit der älteste, weitläufigste (ca. 500 000 qm) und prächtigste der sechs Königspaläste.

1592 wurde der Bau während der japanischen Invasion niedergebrannt und blieb 273 Jahre lang eine Ruine. König Gojong (bzw. sein Vater und Thronverwalter Heungseon Daewongun) ließ den Palast wiederaufbauen, und 1868 zog König Gojong vom Changdeokgung hierher. Während der japanischen Besatzung 1910 wurden die meisten Palastgebäude erneut dem Erdboden gleichgemacht und durch japanische Verwaltungsbauten ersetzt. Damit war Korea auch

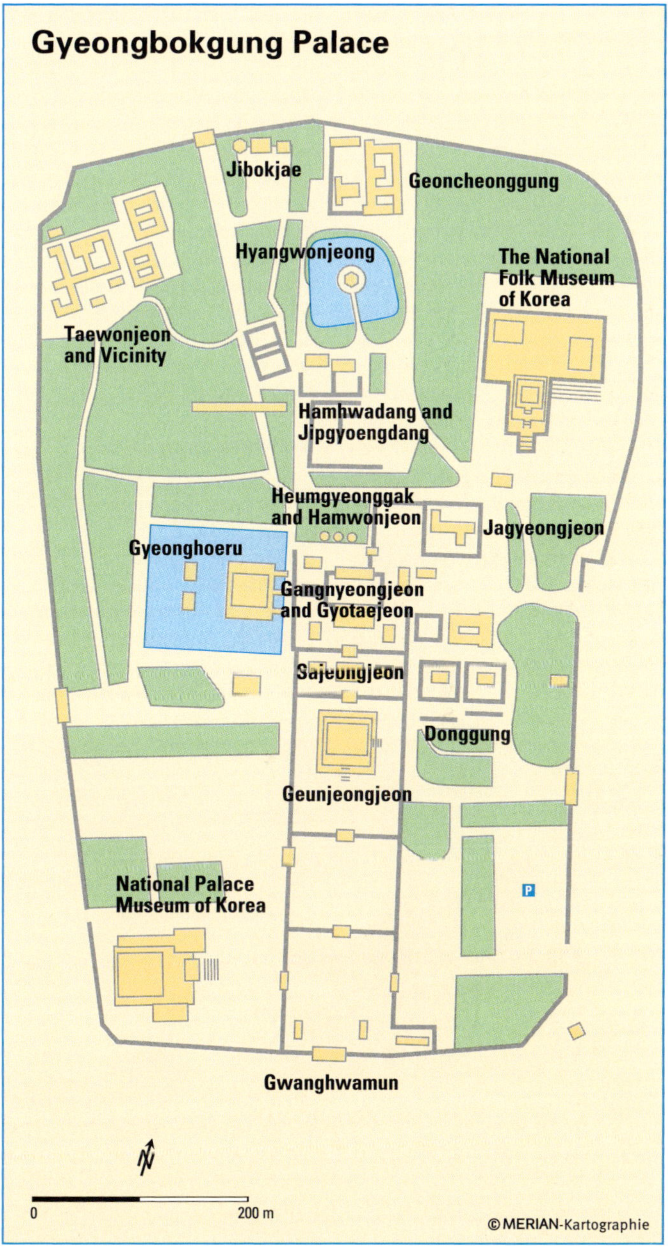
Gyeongbokgung Palace
Jibokjae
Geoncheonggung
Hyangwonjeong
The National Folk Museum of Korea
Taewonjeon and Vicinity
Hamhwadang and Jipgyoengdang
Heumgyeonggak and Hamwonjeon
Jagyeongjeon
Gyeonghoeru
Gangnyeongjeon and Gyotaejeon
Sajeongjeon
Donggung
Geunjeongjeon
National Palace Museum of Korea
P
Gwanghwamun
N
0
200 m
© MERIAN-Kartographie

symbolisch entmachtet. Ein 1990 begonnenes Restaurierungsprojekt ist inzwischen weitgehend abgeschlossen, sodass fast alle Gebäude wieder in ihrem alten Glanz erstrahlen.

Das **Geunjeongjeon** – die Thronhalle – ist das dominierende Bauwerk des Gyeongbokgung und das größte Gebäude der Joseon-Architektur überhaupt. Hier wurden Staatszeremonien abgehalten und ausländische Abgesandte empfangen. Ein dreispuriger Pflasterweg führt zur Thronhalle. Die mittlere, etwas erhöhte Spur war dem König vorbehalten. Die »Rangsteine« (Pumgyeseok) zu beiden Seiten dieses Weges markierten die Positionen, an denen die Beamten und Würdenträger unterschiedlichen Ranges zu stehen hatten.

Auf 48 Granitpfeilern inmitten eines künstlichen Sees zeigt der **Gyeonghoeru-Pavillon** die hoch entwickelte Baukunst der Joseon-Periode. Hier wurden Bankette veranstaltet und ausländische Gäste unterhalten.

Im rückwärtigen Teil des Palastgeländes, hinter den Schlafgemächern, führt eine Holzbrücke zum **Hyangwonjeong**, einem weiteren, ebenfalls in einem See gelegenen Pavillon. König Gojong zog sich hierhin zurück, wenn er Ruhe und Besinnung suchte.

Jongno-gu • 161, Sajik-ro • U-Bahn: Gyeongbokgung (Linie 3), Ausgang 5 • www.royalpalace.go.kr • Mi–Mo 9–18 Uhr • Eintritt 3000 Won, Kombiticket (vier Paläste und Jongmyo-Schrein) 10 000 Won

Gyeonghuigung-Palast (경희궁)

▸ Klappe vorne, b/c 2

Dieses Ensemble wurde ab 1617 an einem leicht ansteigenden Hügel erbaut und machte aus architektonischer und künstlerischer Sicht einen sehr gelungenen Eindruck. Insgesamt verfügte der Palast über

Im Geunjeongjeon, der Thronhalle, die das größte Gebäude des Gyeongbokgung-Palastes (▸ S. 60) bildet, empfing der Regent Koreas Abgesandte aus dem Ausland.

100 größere und kleinere Gebäude. Zehn Könige nutzten den Gyeonghuigung als Regierungssitz. Große Teile des Anwesens brannten 1829 nieder, wurden aber schon wenige Jahre später wieder aufgebaut. Die Ausdehnung des Gyeonghuigung (über 100 000 qm) bis fast an den Nachbarpalast Deoksugung veranlasste König Gojong dazu, 1905 eine Verbindungsbrücke herzustellen.

Während der japanischen Besatzung wurde auf dem Palastgelände die japanische Gyeongseong-Mittelschule (heute Seoul Mittel- und Hochschule) eingerichtet, wobei viele Gebäude zerstört oder verlegt wurden. Dadurch wurde das Areal bedeutend kleiner als früher, und so konnten nur einige der ehemaligen Gebäude rekonstruiert werden.

Trotzdem lohnt ein Besuch des seit 2002 wieder für die Öffentlichkeit zugänglichen Gyeonghuigung, da dieser Palast von den Touristenströmen weitgehend unberührt blieb und daher eine geruhsame Besichtigung möglich ist. Der Palast ist auf drei Seiten von einer kleinen Anhöhe umgeben, von der man über die Palastdächer hinweg auf die Skyline von Seoul blicken kann

Jongno-gu • 45, Saemunan-ro • U-Bahn: Gwanghwamun (Linie 5), Ausgang 8, oder Seodaemun (Linie 5), Ausgang 4 • http://jikimi.cha.go.kr/english/royal_palaces_new/Gyeonghuigung.jsp • Mi–Mo 9–18 Uhr • Eintritt frei

Heonilleung-Königsgräber
(헌인릉) ▸ Klappe vorne, südl. f 5

Wie alle Königsgräber Koreas gehört auch das aus den beiden Grabstätten **Heolleung** und **Illeung** bestehende Heonilleung zum UNESCO-Welterbe. Anders als das mitten in Gangnam befindliche Seonjeongneung (▸ S. 71) liegt diese Grabstätte relativ unberührt am südlichen Stadtrand in einem ruhigen Bergwald und lohnt die etwas längere Anfahrt.

Heolleung wurde als Doppelhügel für König Taejong und seine königliche Gemahlin Wongyeong Anfang des 15. Jh. errichtet. Taejong, der dritte König der Joseon-Dynastie, starb 1422 im Alter von 55 Jahren. Als durchsetzungsstarker Führer schreckte er nicht davor zurück, Feinde und politische Gegner verschwinden zu lassen. Seine Reformen führten jedoch dazu, dass die noch junge Joseon-Dynastie eine florierende Entwicklung nahm. Die Grabstätte befindet sich im Originalzustand und ist trotz ihres Alters von fast 600 Jahren gut erhalten.

Seocho-gu • 34, Heonilleung-gil • U-Bahn: Yangjae (Linie 3, DX), Ausgang 9, weiter mit Taxi (7 km) • http://heonin.cha.go.kr • Di–So 9–18 Uhr • Eintritt 1000 Won

WUSSTEN SIE, DASS …

… es die Koreaner immerzu eilig haben? Egal, ob beim Einkauf, in der U-Bahn oder im Restaurant: Alles muss »pali, pali« sein. Dieses »schnell, schnell« ist nicht nur Redewendung, sondern Lebenseinstellung.

Heunginjimun-Tor (흥인지문)
▸ Klappe vorne, d 2

Im allgemeinen Sprachgebrauch wird das in unmittelbarer Nähe zum Dongdaemun-Markt gelegene Tor einfach nur Dongdaemun genannt. Traditionsbewusste Koreaner benutzen aber auch heute noch den unter König Sejo (1455–1468) geprägten

Im Fokus

Die Königsgräber der Joseon-Dynastie wurden nach strengen Regeln und geomantischen Richtlinien erbaut. Viele von ihnen blieben bis heute erhalten.

Während der Joseon-Dynastie (ab 1392) war die Geomantik (Erd-Wahrsagerei) eine wichtige und angesehene Wissenschaft. Ziel war es, Orte zu finden, an denen die Kraftströme entsprechend den Prinzipien des Feng Shui (»poongsu«) möglichst sanft und ungehindert fließen können.

Selbst im modernen Korea haben Geomantiker noch Hochkonjunktur. Große Firmen holen beim Bau neuer Niederlassungen den Rat dieser (Wahrsager-) Fachleute ein. Der ehemalige Präsident Kim Dae-jung, ein frommer Katholik, ließ seine Eltern durch einen berühmten Geomantiker umbetten und wurde prompt 1997, nach seinem vierten Versuch, Präsident der Republik Korea. Denn besonders für Grabstätten ist die geografische Lage von besonderer Bedeutung. Nach koreanischem Verständnis müssen die Vorfahren an einem günstigen Ort beigesetzt werden, nur dann sind sie den Nachkommen wohlgesonnen und sorgen für ihr Wohlergehen in der jetzigen Welt.

Für die koreanische Halbinsel ist der Baekdu mit 2750 m der höchste Berg. Von hier sollen sich positive Energieströme über Bergketten nach Süden ausbreiten. Der ideale Platz für ein Königsgrab ist deshalb ein Südhang, an dessen Fuß ein Fluss oder Bach verläuft, der die vom Wind verteilten Kraftströme wieder sammelt. Sehr wichtig war auch die Form und Umgebung des

◂ Das eher einfach gestaltete Yereung-Grab am westlichen Stadtrand von Seoul.

Berges. Idealerweise sollte eine Grabstätte von vier Bergen umgeben sein: der »schwarzen Schildkröte« im Norden, dem »roten Phoenix« im Süden und dem »blauen Drachen« sowie dem »weißen Tiger« im Osten bzw. Westen.

Regeln für die Kraftströme

Der Bau eines Königsgrabes erfolgte nach strengem Muster. Die Mauer, die das Grab nach oben hin zu drei Seiten abschließt hat z.B. den Zweck, den Rückfluss der Kraftströme zu verhindern. Gleichzeitig bietet die Mauer Schutz gegen den Wind, mit dem böse Geister heranfliegen. Die steinernen Tiere (je vier Schafe und Tiger) um den Grabhügel herum dienen ebenfalls dazu, böse Geister fernzuhalten. Bei manchen Anlagen hält ein Steinzaun um den Grabhügel unerwünschte Kräfte fern. Ältere Gräber sind außerdem noch mit zwölf Tierkreiszeichen-Steintafeln eingefasst, die Schutz in alle Himmelsrichtungen boten.

Der Steintisch vor dem Grabhügel ist dem Namen nach ein »Platz, an dem der Verstorbene ruhen oder genießen« kann. Die beiden Steinsäulen links und rechts des Tisches dienten der eindeutigen Lagemarkierung des Grabmals. Und damit der verstorbene König auch weiterhin seinen Geschäften nachgehen konnte, hatte man je zwei steinerne Verwaltungs- und Militärbeamte mitsamt Pferd dort aufgestellt. In der konfuzianischen Joseon-Dynastie (»herrsche durch Weisheit und nicht mit Gewalt«) hatte die Verwaltung einen hoheren Status als das Militär. So stehen die Beamten näher am Grab.

In dem T-förmigen Gebäude (Jeongjagak) am Fuß des Abhangs fand die Beisetzungszeremonie statt. Die regelmäßigen Gedenkfeiern werden auch heute noch hier durchgeführt. Das Gebäude rechts davon ist das Stelenhaus. Die Inschrift auf der Steinstele, meist auf dem Rücken einer Schildkröte stehend, gibt Auskunft über den beigesetzten Verstorbenen. Für die Darstellung wird eine besondere Form chinesischer Schriftzeichen verwendet. Ein weiteres, daneben befindliches Haus diente als Wohnraum für den Hausmeister der Grabanlage.

Den Eingang (und Beginn des heiligen Bereichs) markiert das Tor mit den roten Pfeilen (Hongsalmun). Zwischen Hongsalmun und Jeongjagak verläuft ein steinerner Weg. Der erhöhte Teil dieses Weges (Sindo) ist dem Geist des Verstorbenen vorbehalten – ebenso wie die zweite seitliche Treppe (Singye) am Jeongjagak. Ein versierter Kenner des Brauchtums wird die Benutzung des erhöhten Weges und der zweiten Treppe vermeiden – und feststellen, dass auch Koreaner nur noch selten über die Bedeutung der einzelnen Teile eines Grabes Bescheid wissen.

Direkt vor dem roten Pfeiltor befanden sich der »verbotene Bach« und die »verbotene Brücke«, die aber nicht bei allen Gräbern rekonstruiert wurden. »Verboten« bedeutet hier im übertragenen Sinn, dass man die Brücke erst überqueren durfte, nachdem man Geist und Körper gereinigt hatte. Nach alter Überlieferung konnte die geistige Reinigung im Einzelfall mehrere Tage oder sogar Wochen dauern.

Aufgrund ihrer besonderen historischen und kulturellen Bedeutung wurden alle 40 Joseon-Königsgräber, verteilt auf 18 Standorte in Seoul und Umgebung, im Jahr 2009 in das UNESCO-Welterbe (http://whc.unesco.org/en/list/1319) aufgenommen.

Namen. Auch auf Stadtplänen und Wegweisern findet man weiterhin die alte Bezeichnung »Heunginjimun« für das östliche Stadttor. Es wurde im Jahr 1396 unter König Taejo erbaut und 1453 von König Danjong renoviert. Seine heutige Gestalt erhielt das von einer halbmondförmigen Schutzmauer umgebene Tor 1869 unter König Gojong. Diese zusätzliche Schutzmauer umschloss den Hofraum vor dem Tor und ergänzte die an dieser Stelle flache und daher schwierig zu verteidigende Stadtmauer. Die unterschiedlichen Farben der Steinquader zeugen von häufigen Renovierungsarbeiten. Heute bildet das Tor den Mittelpunkt eines großen Kreisverkehrs, in den mehrere viel befahrene Straßen münden.

Jongno-gu • 288, Jong-ro • U-Bahn: Dongdaemun (Linie 1), Ausgang 6, 7

Jeoldusan-Märtyrerschrein (절두산 순교성지) ▸ Klappe vorne, a 3

Ab den 1860er-Jahren kam es in Korea zu einer verschärften Verfolgung und systematischen Ausrottung von Christen. Eine steinerne Erhebung, bekannt als »Yongdubong« (Drachenkopfgipfel), diente als Hinrichtungsstätte. Rund 8000 Katholiken wurden hier geköpft und vom Felsen in den Fluss geworfen. Im Volksmund bürgerte sich die Bezeichnung »Jeoldusan« (Berg der Enthauptung) ein, und mit dem Erwerb des Grundstücks durch die Kirche im Jahr 1956 erfolgte die Umbenennung in Jeoldusan-Märtyrer-Gedenkstätte.

Zum 100. Jahrestag der Verfolgung wurde 1966 der Grundstein für ein Gedenkgebäude gelegt. Das dreistöckige Bauwerk mit Glockenturm enthält die den Märtyrern geweihte Kirche, das Grab von 28 Märtyrern und ein Museum mit Relikten der frühen koreanischen Kirche.

Im Märtyrerpark kann man neben Gedenksteinen, Büsten und Denkmälern auch vor einer Grotte mit einer Muttergottesstatue verharren. Von der Parkanlage bietet sich ein schöner Blick über den Hangang-Fluss auf die schräg gegenüber liegende Insel Yeouido (▸ S. 69). Zum 200. Jubiläum der Gründung der koreanischen Kirche war Jeoldusan 1984 eine der ersten Stationen beim Besuch von Papst Johannes Paul II.

Mapo-gu • 6, Tojeong-ro • U-Bahn: Hapjeong (Linie 2, 6), Ausgang 7 • Park tgl. 0–24, Museum Di–So 9.30–17 Uhr • Eintritt 1000 Won

Jeongotgyo-Brücke (전곶교)

▸ Klappe vorne, e 2

Der Bau der ehemals längsten Brücke der Joseon-Dynastie begann 1420. Bis zum Ende des 15. Jh. nannte man sie auch Jebangyo (»wie auf Felsen gehen«), da man auf ihr wie auf festem Boden gehen konnte. In der Tat besteht die Oberfläche aus flachen Steinplatten, die selbst heute noch mit dem Fahrrad befahren werden können. Die Brücke vermittelt ein Gefühl von Stärke und Stabilität und ist ein Beispiel für die Ingenieurskunst der frühen Joseon-Dynastie.

Das etwa 6 m breite Bauwerk ist auf einer Länge von beinahe 100 m im Original erhalten und überspannt den Jungnangcheon, einen nördlichen Zufluss des Hangang-Flusses. Während der Joseon-Dynastie war es eine wichtige Verbindung aus den südlichen und östlichen Landesteilen in die Hauptstadt.

Seongdong-gu • 280, Salgoji-gil • U-Bahn: Hanyang Univ. (Linie 2), Ausgang 3

Jogyesa-Tempel (조계사)

▶ S. 117, D 2

Dieser Tempel gehört zum Jogye-Orden, der größten buddhistischen Schule Koreas. Mitten in der Stadt gelegen, zieht Jogyesa durch seine einfache Erreichbarkeit zahlreiche Besucher an. Die Einrichtung wirkt nicht so ernst und traditionell wie die Tempel in den Bergen, aber trotz seiner zentralen Lage kann man auch hier Ruhe und Entspannung finden. Auf Anfrage zeigt ein englischsprachiger Führer das Tempelgelände.

Jogyesa ist der Endpunkt der am Sonntag vor Buddhas Geburtstag (▶ S. 45) stattfindenden Laternenparade. An diesem Tag wird auf der Straße vor dem Tempel bis weit nach Mitternacht ausgelassen gefeiert.

In dem grau getäfelten Gebäude auf der dem Jogyesa gegenüberliegenden Straßenseite befindet sich neben dem Informationszentrum für Tempelaufenthalte (http://eng.templestay.com) im fünften Stock auch das **Balwoo Gongyang Restaurant** (www.baru.or.kr), in dem vegetarisches buddhistisches Tempelessen serviert wird.

Jongno-gu • 55, Ujeongguk-ro • U-Bahn: Jonggak (Linie 1), Ausgang 2 • www.jogyesa.kr • tgl. 0–24 Uhr • Eintritt frei

Jongmyo-Königsschrein (종묘)

▶ S. 118, A 5

Jongmyo ist die Bezeichnung für einen Ort, an dem Gedenkzeremonien für verstorbene Könige durchgeführt werden. Das Ritual selbst gilt als Symbol, welches Ordnung und Erfolg für die ganze Nation bedeutet. Seit 1995 gehört diese alljährlich am ersten Maisonntag durchgeführte historische Feier für die Geister der Königsfamilie (Jongmyo Daeje) in Einheit mit der Jongmyo-Anlage zum Weltkulturerbe der UNESCO.

Auch nach mehr als 500 Jahren beständiger Nutzung ist die Jeongotgyo-Brücke (▶ S. 66) eine zuverlässige Verbindung über den Jungnangcheon geblieben.

Das Hauptgebäude (**Jeongjeon**) wurde 1395 errichtet und bestand aus sieben Räumen. In jedem wurden die Gedenktafeln jeweils eines Königs und seiner Gemahlin aufbewahrt. Der vierte Monarch der Joseon-Dynastie, König Sejong, ließ ein weiteres Gebäude erbauen (**Yeongnyeongjeon** – »Halle des immerwährenden Trostes«), in dem weitere Gedenktafeln untergebracht werden konnten. Mit der steigenden Zahl von Herrschern musste jedoch öfter angebaut und erweitert werden. Zusätzliche Säle entstanden von Ost nach West, letztendlich gab es 19 Räume.

Das ursprüngliche Jongmyo wurde 1592 zerstört, das jetzige Gebäude ist der Wiederaufbau aus dem Jahr 1601. Vor dem Jeongjeon erstreckt sich ein 150 m langer und 100 m breiter, erhöhter gepflasterter Platz (**Woldae**), auf dem das »Jongmyo-Ritual« mit Musikern, Tänzern und anderen Teilnehmern durchgeführt wird. Das Innere der historischen Gebäude ist nicht zugänglich, in der Nähe des Haupteingangs gibt es jedoch eine Ausstellung, in der die Nachbildung eines prachtvollen Ahnenschreins besichtigt werden kann. Eine Fußgängerbrücke verbindet Jongmyo mit dem Changgyeonggung-Palast, sodass nur einmal der Eintrittspreis gezahlt werden muss.

Jongno-gu • 157, Jong-ro • U-Bahn: Jongno 3(sam)ga (Linie 1, Ausgang 11, Linie 3, Ausgang 9, Linie 5, Ausgang 8) • www.jongmyo.net • Mi–Mo 9–18 Uhr • Eintritt 1000 Won, Kombiticket (vier Paläste und Jongmyo-Schrein) 10 000 Won

Kukkiwon (국기원)

▸ Klappe vorne, e 5

Kukkiwon ist das Hauptquartier des Taekwondo-Weltverbandes. Diese aus Korea kommende Kampfsport-

Fast jedes Wochenende kann man am Munmyo-Schrein (▸ MERIAN-Tipp, S. 69) prächtige, nach alten konfuzianischen Regeln zelebrierte Hochzeiten erleben.

art wurde 2000 in Sydney sogar zur olympischen Disziplin. Der 1972 errichtete Komplex im Yeoksam-Park enthält Büro-, Verwaltungs- und Übungsräume. Die Sportarena fasst 3000 Zuschauer. Hier wurde 1973 die erste Taekwondo-Weltmeisterschaft durchgeführt. Mittwoch- und Samstagvormittag trainiert das Demonstrationsteam seine spektakulären Vorführungen. Im angeschlossenen Museum sind Trophäen, Medaillen, Fotos und Uniformen zu sehen.
Gangnam-gu • 32, Teheran-ro 7-gil • U-Bahn: Gangnam (Linie 2), Ausgang 8 • www.kukkiwon.or.kr • Museum Mo–Fr 9–12, 13–17.30 Uhr • Eintritt frei

Myeongdong-Kathedrale
(명동성당) ▸ S. 121, E 9

Der von Jorge Caster entworfene Bau im gotischen Stil wurde 1898 vollendet. Die Kathedrale war das erste aus Ziegelsteinen gemauerte Gebäude in Seoul. Heute ist das auf einer Anhohe gelegene Bauwerk das Zentrum der katholischen Kirche Koreas. Mit dem 45 m hohen Kirchturm ist das Gotteshaus aus vielen Richtungen zu sehen und lockt Besucher auch wegen seiner architektonischen Schönheit an. Die Innenausstattung im gotischen Stil mit mächtigen Säulen, kunstvoll gearbeiteten Glasfenstern (man vermutet, dass sie in französischen Benediktinerklöstern hergestellt wurden) und einem luxuriösen Altar ist ebenfalls sehenswert. In der Krypta befinden sich die Gebeine von neun koreanischen Märtyrern.
Jung-gu • 74, Myeongdong-gil • U-Bahn: Myeongdong (Linie 4), Ausgang 8 • www.mdsd.or.kr • tgl. 9–21 Uhr, wochentags Messen um 6.30, 18 und 19 Uhr, Messe in Englisch So 9 Uhr • Eintritt frei

Nationalversammlung
(국회의사당) ▸ Klappe vorne, a 3

In den 1960er-Jahren war die Flussinsel **Yeouido** (mit rund 8,4 qkm etwa viermal so groß wie Helgoland) nur ein holpriger Flugplatz. In der Vorstellung der Politiker sollte hier ein koreanisches Manhattan entstehen. Um dieser Idee Nachdruck zu verleihen und die Entwicklung der schlam-

MERIAN-Tipp 8

MUNMYO-SCHREIN (문묘)
▸ Klappe vorne, c 1

Dieses konfuzianische Heiligtum stellt die Keimzelle der heutigen Sungkyunkwan University dar. König Taejo (1335–1408) ließ die höhere Lehranstalt Sungkyunkwan, deren Ursprünge sich bis 1372 zurückverfolgen lassen, im Jahr 1398 in die neue Hauptstadt Seoul verlegen. Ursprünglich wurden hier etwa 200 Studenten jährlich auf die lukrative höhere Beamtenlaufbahn nach konfuzianischer Philosophie vorbereitet. Heutzutage ist der Munmyo-Schrein eine Kultstätte, an der konfuzianische Lehrer verehrt und konfuzianische Zeremonien und Gepflogenheiten durchgeführt werden. Fast jedes Wochenende finden prunkvolle Hochzeiten statt – keine Schauveranstaltungen, sondern traditionelle Zeremonien nach strengen Regeln –, denen man als Zaungast beiwohnen kann.
Jongno-gu • 25-2 Seonggyungwan-ro, rechts neben dem Haupteingang zur Uni • U-Bahn: Hyehwa (Linie 4), Ausgang 4 • tgl. 9.30–17 Uhr • Eintritt frei

migen Sandbank voranzutreiben, wurde an der Westspitze von Yeouido das Regierungsgebäude erbaut. Die Hoffnung, dadurch weitere private Investoren anzulocken, erfüllte sich. Heute ist Yeouido mit knapp 30 000 Einwohnern das Finanz- und Wirtschaftszentrum Koreas.

Der Fernsehturm N Seoul Tower (▸ S. 70) bietet einen atemberaubenden Blick.

Das größte Parlamentsgebäude Asiens wurde 1975 nach sechsjähriger Bauzeit fertiggestellt. Es entstand noch zur Zeit eines diktatorischen Regimes und ist entsprechend wuchtig geraten. Am Hintereingang gibt es einen Informationsschalter, von dem aus man sich einer der regelmäßigen Führungen anschließen kann.
Yeongdeungpo-gu • 1, Uisadang-daero • U-Bahn: National Assembly (Linie 9), Ausgang 6 • www.assembly.go.kr • Besucherzentrum tgl. 9–17 Uhr, geführte Touren nur Mo–Fr • Eintritt frei

N Seoul Tower (N서울타워) 8

▸ Klappe vorne, c 3

Seit 1975 ist der Fernsehturm auf dem **Namsan** (Südberg) ein weithin sichtbares Wahrzeichen Seouls. Bei gutem Wetter schaut man von der Aussichtsplattform 50 km weit bis nach Incheon zum Gelben Meer. Besonders eindrucksvoll ist der nächtliche Blick auf das Lichtermeer der Stadt, den man vom Drehrestaurant **n.Grill** (französische Küche, Reservierung unter Tel. 34 55 92-97, -98) auf Ebene T5 oder dem koreanischen Restaurant **Hancook** (Ebene T1) genießt. Der Berg kann aus verschiedenen Richtungen über steile Wege und Treppen in einer knappen Stunde bestiegen werden, müheloser geht es mit Bus oder Seilbahn.
Yongsan-gu • 105, Namsangongwon-gil • U-Bahn: Myeong-dong (Linie 4), Ausgang 3, Fußweg 10 Min. zur Talstation der Gondelbahn oder weiter mit Bus 02, 05 • www.nseoultower.co.kr • tgl. 10–23 Uhr • Eintritt 9000 Won

Olympia Park (올림픽공원)

▸ Klappe vorne, östl. f 4

Der Park wurde unter der Vorgabe gestaltet, die **Mongchontoseong-Festung** (▸ S. 58) in ihrer natürlichen Umgebung zu erhalten und zugleich Wettkampfstätten auf Weltniveau für die 24. Olympischen Spiele zu schaffen. In Verbindung mit einem seeartigen Wassergraben bilden fünf Sportarenen einen kreisförmigen Ring um den 1500 ha großen Park.
Heute stehen die Sportstätten neben Wettkampfveranstaltungen für den Breitensport zur Verfügung. Die harmonische Gestaltung mit Ruheplätzen im kühlen Baumschatten oder großen Liegewiesen lockt zu einem Picknickausflug. Nach den Olym-

pischen Spielen wurde das **Welt-Friedenstor** erbaut. Daneben finden sich bis zu 30 m hohe Wasserspiele, die in der Nacht durch farbiges Licht ergänzt werden. Um den kulturellen Aspekt der Olympiade zu unterstreichen und das Motto »Harmonie und Fortschritt« darzustellen, wurde ein **Skulpturenpark** geschaffen, der zu den besten fünf der Welt gezählt wird. Das **SOMA-Kunstmuseum**, das **Olympische Museum** und das **Mongchon-Geschichtsmuseum** erlauben einen tieferen Einblick in die verschiedenen Aspekte des Parks.

Songpa-gu • 426, Ollimpik-ro • U-Bahn: Mongchontoseong (Linie 8) oder Olympic Park (Linie 5), Ausgang 3 • www.kspo.or.kr, www.88olympic.or.kr • Park tgl. 0–24, Olympia-Museum Di–So 10–18, Mongchon-Museum Di–So 10–17 Uhr • Eintritt frei – SOMA Museum: www.somamuseum.org • Di–So 10–18 Uhr • Eintritt 3000 Won

Seonjeongneung-Königsgräber (선정릉)

▸ Klappe vorne, e 4

Im Samneung-Park befinden sich die beiden Königsgräber **Seolleung** und **Jeongneung**. Trotz der Nähe zum Gangnam Geschäftsviertel und dem COEX-Zentrum bietet dieser Park mit seinem Waldgürtel einen ruhigen Rückzugspunkt, den die Angestellten der umliegenden Büros gerne für ihre Mittagspause nutzen.

Gangnam-gu • 1, Seolleung-ro 100-gil • U-Bahn: Seolleung (Linie 2), Ausgang 8 • http://seonjeong.cha.go.kr • Di–So 6–21 Uhr • Eintritt 1000 Won

Seoul-Wald (서울숲)

▸ Klappe vorne, e 3

Die Landzunge östlich der Mündung des Jungnangcheon in den Hangang sollte ursprünglich zu einem »Spielplatz der Reichen« mit Pferderennbahn und Golfplatz ausgebaut werden. Die Stadtverwaltung setzte aber durch, dass das gut 1 Mio. qm große Areal zu einem Naturparadies für alle wurde. Neben einem Ökologiewald mit Rehen gibt es einen botanischen Garten, ein Feuchtgebiet und einen Kunst- und Kulturpark. Man unternahm große Mühen, um die natürliche Umgebung zu bewahren. So nutzen die Parkeinrichtungen solar- und geothermische Energie. Außerdem wurde das Feuchtgebiet als Schutzzone für Zugvögel ausgewiesen. Für Seouler entspricht der Seoul-Wald dem Central Park in New York.

Südöstlich des Parks befindet sich auf dem Gelände des Ttukdo-Wasserwerks ein historisch-technisch interessantes **Wasserwerkmuseum**.

Seongdong-gu • 9, Wangsimni-ro 11-gil • U-Bahn: Seoul Forest (Bundang Linie), Ausgang 3 • tgl. 0–24 Uhr, Wasserwerkmuseum tgl. 10–19 Uhr • Eintritt frei

Sungnyemun-Tor (숭례문) 9

▸ S. 120, B 10

Das 1395 bis 1398 erbaute Tor überstand über Jahrhunderte alle Kriege und Katastrophen und galt als Nationalschatz Nr. 1. Am 10. Februar 2008 zerstörte ein Feuer die über 600 Jahre alte Holzkonstruktion. Der steinerne Unterbau blieb relativ unbeschädigt.

WUSSTEN SIE, DASS …

… die Metrolinie 2 von den Seoulern liebevoll »grüne Hölle« genannt wird? Im Netzplan hat sie die Farbe Grün und befährt den Ring ums Stadtzentrum. Zu Stoßzeiten ist sie überfüllt mit Pendlern.

MERIAN-Tipp 9

WONGUDAN-ALTAR (HWANGU-DAN-ALTAR) (원구단) ▸ S. 120, C 9

Eine versteckt liegende, dem »Tempel des Himmels« in Peking nachempfundene historische Stätte aus der Endphase der Joseon-Dynastie. Hier ernannte sich König Gojong am 12. Oktober 1897 zum Kaiser und rief das große koreanische Kaiserreich (Daehan Jeguk) aus. Seine Bemühungen, dadurch die Unabhängigkeit des Landes zu festigen, blieben jedoch erfolglos. Die Japaner lösten nach ihrer Machtübernahme 1910 die Dynastie auf. Wongudan wurde 1913 von ihnen fast vollständig zerstört. Nur ein Tor, drei Granittrommeln und ein achteckiges, dreistöckiges Gebäude (Hwanggungu – gelber Palastschrein) blieben erhalten. In dem für die Allgemeinheit zugänglichen Park des Westin Chosun Hotel kann man eine Rast einlegen und das nur wenige Meter entfernte hektische Treiben vergessen.

Jung-gu • 112, Sogong-ro • U-Bahn: City Hall (Linie 1, Ausgang 6, Linie 2, Ausgang 8), am südöstl. Rand der City Hall Plaza über die Treppe hinter dem Tor • tgl. 0–24 Uhr • Eintritt frei

Seit 2013 ist das originalgetreu rekonstruierte Tor wieder zugänglich. Es heißt auch Namdaemun (»großes Südtor«) und gab dem angrenzenden Markt (▸ S. 33) seinen Namen.

Jung-gu • 40, Sejong-daero • U-Bahn: Seoul Station (Linie 1, Ausgang 4, Linie 4, Ausgang 5) • Di–So 9–18 Uhr • Eintritt frei

Tapgol-Park (탑골공원)

▸ S. 117, F 2/3

Der erste moderne Park Koreas entstand 1897. Früher befand sich hier der 1465 erbaute Wongaksa-Tempel. Aus dieser Zeit ist noch eine zehnstöckige Pagode erhalten. In der moderneren koreanischen Geschichte ist der Park insbesondere für seine Rolle während der Unabhängigkeitsbewegung bekannt. Am 1. März 1919 wurde an dieser Stelle die 1762 Worte umfassende Unabhängigkeitserklärung verlesen. In der Folge verbreitete sich der friedliche und ohne jede Gewalt ablaufende Protest gegen die Unterdrückung durch die Japaner über die ganze Nation. Trotz aller Gräueltaten Japans bewiesen die gewaltlosen Demonstrationen die Willensstarke des unterdrückten koreanischen Volkes. Kupferplatten an der Nordostmauer des Parks und weitere Monumente erinnern an die Bewegung des 1. März.

Jongno-gu • 99, Jong-ro • U-Bahn: Jongno 3(sam)ga (Linie 1, 3, Ausgang 1, Linie 5, Ausgang 5) • tgl. 6–20 Uhr • Eintritt frei

Unabhängigkeitspark (독립공원)

▸ Klappe vorne, b 2

Seit 1992 verbindet der Unabhängigkeitspark mehrere Denkmäler, Gedenkstätten und historische Bauwerke mit Symbolcharakter für die Unabhängigkeit Koreas miteinander. Der historisch bedeutendste Teil der Anlage ist das **Seodaemun-Gefängnis** im nördlichen Bereich des Parks. Tausende von patriotischen Unabhängigkeitskämpfern gegen die japanische Invasion wurden hier hingerichtet oder fanden ein schreckliches Ende als Folge von Misshandlung und Folterung.

In den sieben in ihrer ursprünglichen Form erhaltenen Gebäuden wird über die furchtbaren Zustände während des koreanischen Unabhängigkeitskampfes informiert.
Seodaemun-gu • 251, Tongil-ro • U-Bahn: Dongnimmun (Linie 3), Ausgang 4 • www.sscmc.or.kr/foreign/eng/introduction.html • tgl. 0–24, Gefängnis Di–So 9.30–18 Uhr • Eintritt Park frei, Gefängnis 3000 Won

Unhyeongung-Palast (운현궁)

▸ S. 117, E/F 1

Ursprünglich diente der Unhyeongung als Wohnung für die Verwandten des Königshauses und war kein Königspalast. Als König Cheoljong starb, ohne einen direkten Nachfolger zu hinterlassen, übernahm der hier wohnende Heungseon Daewongun für zehn Jahre die Regierungsgeschäfte. Zwischen 1863 und 1873 war er als Thronverwalter für bedeutende Reformen im religiösen, politischen und finanziellen Bereich verantwortlich. Der Unhyeongung wurde palastähnlich ausgebaut und erhielt den Titel Königspalast. Nach dem Tod Daewonguns 1898 verfiel das Anwesen zusehends, da keine ausreichenden Mittel für den Unterhalt zur Verfügung standen.
Während der japanischen Kolonialzeit und im Koreakrieg wurde der Unhyeongung stark beschädigt. Teile des Palastgeländes übernahmen die Deokseong-Frauenuniversität sowie private Nutzer. Den verbleibenden kleinen Rest erwarb dann die Seouler Stadtverwaltung und restaurierte die noch vorhandenen Holzbauten.
Heute ist hier ein Forschungszentrum für traditionelle koreanische Häuser untergebracht. Außerdem bietet die ausgestellte persönliche Habe des Thronverwalters Daewongun einen reizvollen Einblick in den Palastalltag.
Jongno-gu • 464, Samildaero • U-Bahn: Anguk (Linie 3), Ausgang 4 • www.unhyeongung.or.kr • Di–So 9–19 Uhr • Eintritt frei

World Cup Stadion und World Cup Park (월드컵경기장)

▸ Klappe vorne, westl. a 2

In der gemeinsam mit Japan ausgetragenen Fußballweltmeisterschaft von 2002 erreichte die koreanische Mannschaft als Außenseiter das Halbfinale und unterlag mit lediglich einem Gegentor der deutschen Elf. Die 13-minütige filmische Zusammenfassung der koreanischen Erfolge während dieses Fußballfestes, die ständig in einem kleinen Kino läuft, führt noch immer zu Begeisterungsausbrüchen bei den koreanischen Zuschauern.
Um das Stadion herum befindet sich auf fast 3,5 Mio. qm der World Cup Park (▸ S. 26), der zum Teil auf einer ehemaligen Mülldeponie entstand. Es dauerte sieben Jahre, 92 Mio. t Müll auf umweltfreundliche Art zu entsorgen. Ein Müllberg, heute nicht mehr als solcher zu erkennen und wunderbar begrünt, bildet den **Haneul Park**, den Park des Himmels: Von hier bietet sich ein fantastischer Blick über Seoul und auf die Berge Namsan, Bukhansan und Gwanaksan. Vom **Neoul Park**, dem »Park des Sonnenuntergangs« mit Neun-Loch-Golfanlage sollte man sich den Blick auf den Hangang-Fluss bei Sonnenuntergang nicht entgehen lassen.
Mapo-gu • 240, World Cup-ro • U-Bahn: World Cup Stadium (Linie 6), Ausgang 1, 2, 3 • www.seoulworldcupst.or.kr • Park tgl. 0–24, Stadion tgl. 9–18 Uhr • Eintritt frei, Stadion 1000 Won

Museen und Galerien Das sehr umfangreiche Museumsangebot in Seoul wird durch unzählige private Sammlungen ergänzt – oft kostenlos, fast immer interaktiv und meist mit englischen Erklärungen versehen.

◄ Der Schweizer Stararchitekt Mario Botta entwarf die Wendeltreppe im Leeum-Kunstmuseum (► S. 78).

In der koreanischen Gesellschaft hat Bildung einen hohen Stellenwert. Museen sind ein wichtiger Teil davon. Man legt großen Wert darauf, dass die Ausstellungen auch für Kinder und Jugendliche interessant sind, und so gibt es kaum ein Museum, in dem es nicht etwas anzufassen, auszuprobieren oder zu aktivieren gibt. Trotz der intensiven Einflüsse aus China und Japan hat Korea über die Jahrhunderte seine eigenständige Kultur entwickelt und erhalten. Das bezieht sich auf Musik und Tanz ebenso wie auf Literatur, Malerei und Handwerk. Besonders wertvolle koreanische Kulturgüter aus der Vergangenheit sind als Nationalschätze katalogisiert und nummeriert. Unter anderem wird die Bedeutung eines Museums auch nach der Zahl der Nationalschätze in seinem Besitz eingeordnet. Fast jede Universität hat ein eigenes angeschlossenes Museum, welches aktiv Forschung betreibt und ein Spezialgebiet bearbeitet.

MUSEEN

Bank of Korea Money Museum

(한국은행 화폐금융박물관) ► S. 120, C 9–10

Das 1907 im Renaissancestil erbaute Haus ist ein gutes Beispiel für ein repräsentatives Gebäude der frühen japanischen Besatzungszeit. Ab 1912 befand sich hier die Zentralverwaltung der koreanischen Nationalbank. Seit 2001 wird der Bau als Museum genutzt. Direkt am Eingang fällt der Blick auf eine Pyramide aus Münzen. Über einen Rundkurs gelangt man zu diversen Themenbereichen, die Geschichte, Herstellung und Kreislauf des Geldes darstellen. Es gibt eine komplette Sammlung früherer koreanischer Münzen und Geldscheine sowie Beispiele fremder Währungen.

Jung-gu • 39, Namdaemun-ro • U-Bahn: Hoehyeon (Linie 4), Ausgang 7 • http://museum.bok.or.kr • Di–So 10–17 Uhr • Eintritt frei

Cheonggyecheon-Museum

(청계천문화관) ► Klappe vorne, e 2

In dem hochmodernen Zweckgebäude wird die über zweijährige Bauphase der Renaturierung des Flusses dokumentiert. Zwölf Themenkomplexe stellen – fast immer multimedial aufbereitet – verschiedene Aspekte der Bedeutung des Flusses für Seoul vor. Gegenüber dem Museum, direkt am Cheonggyecheon (► S. 54), wurden in der Art eines Freilichtmuseums einige Hütten rekonstruiert, die früher das Flussufer säumten.

Seongdong-gu • 530, Cheonggyecheon-ro • U-Bahn: Yongdu (Linie 2), Ausgang 5 • Di–So 9–19 Uhr • Eintritt frei

Gwacheon Nationales Wissenschaftsmuseum

(국립과천과학관) ► Klappe vorne, südl. c 5

Korea präsentiert sich in diesem 2008 eröffneten Museum, das eines der größten seiner Art in der Welt ist, als Wissenschaftsnation. Auf einem 244 000 qm großen Areal entstand ein futuristisch anmutender Bau, der von oben betrachtet an einen Spiralnebel erinnert. Es gibt Sammlungen zu den traditionellen Wissenschaften und der Naturgeschichte, zur theoretischen Forschung und natürlich zur Hochtechnologie. Hinzu kommen ökologische und astronomische Bereiche. Wie in vielen koreanischen

Museen legt man auch hier großen Wert darauf, Wissen spielerisch zu vermitteln. Neben Blitz und Donner kann man im Taifunraum Orkanböen mit 30 m/Sek. und 100 mm Niederschlag erleben. Auch ein Erdbeben der Stärke 7 gehört dazu. Man kann bei einem Astronautentraining mitmachen, die Schwerelosigkeit erleben oder einen NASA-Weltraumrucksack ausprobieren. Der Stolz des Museums sind das Planetarium und die dazugehörige Sternwarte.

Gyeonggi-do, Gwacheon-si • 110, Sanghabeol-ro • U-Bahn: Seoul Grand Park (Linie 4), Ausgang 5 • http://english.sciencecenter.go.kr • Di–So 9.30–17.30 Uhr • Eintritt 4000 Won, Planetarium 2000 Won

Historisches Museum Seoul (서울역사박물관)

▸ S. 116, A 3

Hier kann der Besucher die Geschichte und Kultur der Stadt Seoul von der vorgeschichtlichen Zeit bis in die Moderne hinein erleben. Nach einem Spendenaufruf wurden viele Ausstellungsstücke zur Geschichte Seouls von Bürgern gestiftet. Die Exponate können in einem virtuellen Rundgang auch online betrachtet werden.

Jongno-gu • 55, Saemunan-ro • U-Bahn: Gwanghwamun (Linie 5), Ausgang 7 • http://eng.museum.seoul.kr • Di–Fr 9–20, Sa–So 9–19 Uhr • Eintritt frei

Horim-Museum (호림박물관)

▸ Klappe vorne, e 4

Die Sammlung umfasst das gesamte Spektrum der koreanischen Kunst, angefangen von der Bronzezeit bis in die Moderne. So gibt es z. B. mehr als 3000 Tongegenstände, ungefähr 4000 Porzellan- und Töpfereierzeugnisse, 600 Stücke der Metallkunst sowie 2000 Zeichnungen und Bücher. Weit mehr als 50 Objekte gehören zum nationalen Kulturerbe. Das Horim gehört zu den bedeutendsten privaten Museen Koreas.

2009 wurde im Kulturviertel Sinsadong in Gangnam-gu eine Nebenstelle des Museums eröffnet. Auf drei Etagen werden dort ausgewählte Stücke der Sammlung gezeigt und mehrmals jährlich Sonderausstellungen mit unterschiedlichen Themenschwerpunkten veranstaltet.

Gangnam-gu • 317, Dosan-daero • U-Bahn: Gangnam-Gu Office (Linie 7), Ausgang 3 • http://horimmuseum.org • Mo–Sa 10.30–18 Uhr • Eintritt 8000 Won

House of Cartoons (만화의 집)

▸ S. 121, F 10

Das Museum ist Teil des Animation Center, einer 1999 von der Seouler Stadtverwaltung ins Leben gerufenen Organisation. Ziel ist die Förderung, Kultivierung und Vermarktung von koreanischen Comics, Zeichentrickfilmen und Computerspielen.

In einem hochmodernen Kinoraum werden regelmäßig Trickfilme vorgeführt. Das Museum selbst hat sich überwiegend auf Comics in Heft- und Buchform spezialisiert. Neben einer kleinen Ausstellung gibt es auch eine Bücherei, in der sich viele koreanische Comic-Klassiker finden lassen.

Jung-gu • 126, Sopa-ro • U-Bahn: Myeongdong (Linie 4), Ausgang 1 • www.ani.seoul.kr • Di–So 9–18 Uhr • Eintritt frei

Ilmin-Kunstmuseum (일민미술관)

▸ S. 116, C 3

Die Ilmin-Kulturstiftung wurde 1994 zu Ehren des Kunstsammlers Kim Sang-man gegründet. Die 430 Ausstellungsstücke aus der Goryeo-Dy-

nastie (918–1392) hat die Sammlung überwiegend ihm zu verdanken. Schwerpunkt sind einfache ästhetische Zeichnungen. Die Kollektion der Dong-a-Ilbo-Zeitung ist mit 1200 geschichtlich wichtigen Stücken vertreten, und auch Hyundai überstellte dem Museum 100 Gemälde mit überwiegend sozialkritischen Inhalten.
Die wechselnden Ausstellungsprojekte behandeln maßgebliche aktuelle Themen. Das Museum befindet sich in dem als Kulturschatz deklarierten Gebäude, in dem 66 Jahre lang (1926–1992) die Zeitung Dong-a Ilbo ihren Sitz hatte.
Jongno-gu • 1, Cheonggyecheon-ro • U-Bahn: Gwanghwamun (Linie 5), Ausgang 5 • www.ilmin.org • Di–So 11–19 Uhr • Eintritt je nach Programm

Korea Stamp World
(우표문화누리) ▸ S. 121, D 10

Dieses Museum im zweiten Untergeschoss der Hauptpost soll vor allem Jugendlichen die Welt der Briefmarken näherbringen. An zahlreichen mit Touchscreens ausgestatteten Geräten kann man selbst aktiv werden. In der hochmodernen Ausstellung besteht sogar die Möglichkeit, eigene Briefmarken zu gestalten. Auf Schautafeln kann eine komplette Sammlung aller koreanischen Marken seit 1884 studiert werden. Für Philatelisten sind alle noch erhältlichen Briefmarken und Jahressätze vorrätig und werden zum Verkauf angeboten.
Jung-gu • 70, Sogong-ro • U-Bahn: Myeongdong (Linie 4), Ausgang 5 • http://www.kstamp.go.kr/kstampworld • Di–So 9–18 Uhr • Eintritt frei

Koreanisches Nationalmuseum
(국립중앙박물관)

▸ Klappe vorne, c 4

Der Ursprung dieser Kollektion geht auf das 1908 von Kaiser Sunjong gegründete königliche Haushaltsmuseum zurück. Nach mehreren

Die große Glocke Bosingak im Koreanischen Nationalmuseum (▸ S. 77). Während der Joseon-Dynastie gab ihr Läuten das Zeichen zum Öffnen und Schließen der Stadttore.

Umzügen fand die inzwischen auf etwa 220 000 Stücke angewachsene Sammlung in einem architektonisch beeindruckenden Neubau eine endgültige Heimat. Die auf drei Ebenen angeordneten Ausstellungsräume geben einen systematischen Überblick über die koreanische Vergangenheit. Das koreanische Nationalmuseum besitzt die umfangreichste Sammlung zur Geschichte des koreanischen Volkes. Unterschiedliche Darstellungstechniken, ein hochmodernes Informationssystem und großzügige Flächen sorgen für eine eindrucksvolle Präsentation der Exponate. Die landesweit besten Objekte aller Epochen werden chronologisch und thematisch geordnet präsentiert. Mit dem Neubau von 2005 zählt das koreanische Nationalmuseum nun zu den sechs größten Museen der Welt.

Youngsan-gu • 137, Seobinggo-ro • U-Bahn: Ichon (Linie 1, 4), Ausgang 2 • www.museum.go.kr • Di–So 9–18, Mi, Sa bis 21, So bis 19 Uhr • Eintritt frei, Gebühr für Sonderausstellungen

Kriegsmuseum (전쟁기념관) ▸ Klappe vorne, c 3

Hier wird die Geschichte der koreanischen Kriege von der Zeit der drei Königreiche bis in die Gegenwart dargestellt. Es gibt acht Ausstellungen, die sich mit den verschiedenen Aspekten der Kriegsführung und militärischer Ausrüstung beschäftigen. Neben etwa 13 600 Exponaten, darunter etwa ein rekonstruiertes Schildkrötenschiff des Generals Yi Sun Shin oder die Kommandobrücke eines modernen Kriegsschiffs, werden im Lager des Kriegsdenkmals weitere 17 800 Akten und Kriegsartefakte aufbewahrt. Eine Veteranen-Gedenkhalle, Informationen über die aktuelle Produktion militärischer Ausrüstung, die koreanischen Truppen im Ausland und vieles mehr bilden die weltgrößte Gedenk- und Ausstellungsstätte zum Thema Krieg. Eine umfangreiche Sammlung von Flugzeugen, Panzern, Raketen und anderem schweren Gerät befindet sich auf einem Freigelände rechts des Museums und ist auch außerhalb der Öffnungszeiten zugänglich.

Yongsan-gu • 29, Itaewon-ro • U-Bahn: Samgakji (Linie 4, 6), Ausgang 11, 12 • www.warmemo.co.kr • Di–So 9–18 Uhr • Eintritt frei

Leeum (리움) ▸ Klappe vorne, d 3

Das Museum gehört zur 1965 gegründeten Samsung-Kulturstiftung. Deren vorrangiges Ziel ist die Bewahrung koreanischer Kulturschätze. Das Leeum-Museum versucht zudem, das kulturelle Erbe mit modernen und zeitgenössischen Arbeiten koreanischer und ausländischer Künstler zu verbinden. So besteht der Museumskomplex aus drei Gebäuden, die auf einem eindrucksvollen Grundstück am Südhang des Namsan von drei international anerkannten Architekten (Mario Botta/Schweiz, Jean Nouvel/Frankreich und Rem Koolhaas/Niederlande) errichtet wurden. Museum 1 beherbergt traditionelle koreanische Kunstwerke, Museum 2 stellt moderne und zeitgenössische Werke vor, während das dritte Gebäude der kulturellen Erziehung durch wechselnde Sonderschauen dient.

Das Leeum-Kunstmuseum stellt eine exklusive kulturelle Präsenz mit allerhöchsten Ansprüchen dar. Rund 15 000 Exponate, darunter Porzellan aus den drei Königreichen, buddhistische Gemälde oder antike Grabbeigaben, aber auch Werke von Andy Warhol, Damien Hurst oder dem Koreaner Nam June Paik machen das Leeum zum größten privaten Kunstmuseum des Landes.

Yongsan-gu • 60-16, Itaewon-ro 55-gil • U-Bahn: Hangangjin (Linie 6), Ausgang 1 • http://leeum.samsungfoundation.org • Di–So 10.30–18 Uhr • Eintritt 10 000 Won, Sonderausstellungen 6000 Won

Namsangol-Hanok-Dorf

(남산골한옥마을) ▸ S. 122, B 14

In der Art eines Freilichtmuseums wurden fünf traditionelle Häuser und kleine Nebengebäude, die verschiedene Stände der Gesellschaft – vom Bauern über hochrangige Beamte bis zur Aristokratie – repräsentieren, aus verschiedenen Landesteilen hier versammelt.

Im Park südlich des eigentlichen Dorfes befindet sich der **Time Capsule Square**. Es handelt sich hierbei um eine Mulde, in der 1994, zum 600. Gründungstag von Seoul, eine Kapsel mit verschiedenen aktuellen Kulturgegenständen vergraben wurde. Erst nach 400 Jahren, im November 2394, soll dieser Behälter wieder geöffnet werden und den dann lebenden Menschen einen Einblick in die heutige Zeit geben.

Jung-gu • 28, Toegye-ro 34-gil • U-Bahn: Chungmuro (Linie 3, 4), Ausgang 3, 4 • Mi–Mo 9–21 Uhr, Mi, Sa 11, 14 und 17 Uhr Taekwondo-Vorführung • Eintritt frei

Nationales Palastmuseum

(국립고궁박물관) ▸ S. 116, B 1

Das Museum besitzt etwa 40 000 Objekte, die zwischen 1392 und 1910 in den Königspalästen benutzt wurden. Auf weit über 10 000 qm werden das prächtige Vermächtnis und die bedeutenden Kulturschätze der Königsfamilie zugänglich gemacht. Dabei geht es nicht nur um das tägliche Leben in den Palästen,

MERIAN-Tipp 10

KÖNIG-SEJONG-MUSEUM

(세종이야기/충무공 이야기)

▸ S. 116, B 2

Eine Einrichtung, die (fast) nur Eingeweihte kennen. Unter der Gwanghwamun Plaza versteckt sich auf über 2500 qm eines der neuesten Museen Seouls. Lediglich eine unscheinbare Glastür hinter der König-Sejong-Statue führt in die Unterwelt. Überall kann man etwas anfassen, ausprobieren, in Gang setzen oder auf sonstige Weise aktiv werden. Die Schaffung der koreanischen Schrift Hangeul 1443 war Sejongs größte und bekannteste Leistung – aber bei Weitem nicht die Einzige. Auch auf dem Gebiet der Wissenschaft und Kunst gab er wichtige Impulse.

Vom Museum gelangt man nahtlos in einen 1700 qm großen Bereich unter dem Sejong-Zentrum für darstellende Kunst, der sich dem Nationalhelden Admiral Yi Sun Shin widmet. Besonders beeindruckend sind der begehbare Nachbau eines Schildkrötenschiffes (Kobuksan) und die filmisch-multimediale Darstellung seiner Seeschlachten gegen die Japaner.

Jongno-gu • 175, Sejong-daero • U-Bahn: Gwanghwamun (Linie 5), Ausgang 9 • www.sejongstory.or.kr • Di–So 10.30–22.30 Uhr • Eintritt frei

Drucklettern aus Metall im Nationalen Volkskundemuseum (▸ S. 80). Wer sich für die Geschichte und Kultur Koreas interessiert, sollte dieses Haus nicht verpassen.

sondern auch um Staatszeremonien, Architektur, Erziehung und Bildung sowie Errungenschaften auf dem Gebiet der Kunst und Wissenschaft.
Jongno-gu • 12, Hyoja-ro • U-Bahn: Gyeongbokgung (Linie 3), Ausgang 5 • www.gogung.go.kr • Di–So 9–18 Uhr • Eintritt frei

Nationales Volkskundemuseum
(국립민속박물관)

▸ Klappe vorne, c 1

Das koreanische Museum für Volkskunde und Folklore befindet sich auf dem Gelände des **Gyeongbokgung** und lässt sich bequem mit den Besuch des Palastes verbinden. An rund 25 000 Objekten werden die Ursprünge der koreanischen Kultur, die soziale Entwicklung und traditionelle koreanische Lebensweise gezeigt.
Jongno-gu • 37, Samcheong-ro • U-Bahn: Gyeongbokgung (Linie 3), Ausgang 5 • www.nfm.go.kr • Mi–Mo 9–18 Uhr • Eintritt frei

Nationalmuseum für moderne und zeitgenössische Kunst
(국립현대미술관) ▸ S. 117, E 1

Das 1986 in Gwacheon, am südlichen Stadtrand von Seoul errichtete Museumsgebäude liegt wohl zu weit außerhalb, um eine breite Bevölkerungsschicht anzusprechen. Nach fünfjähriger Planungs- und Bauphase konnte 2013 ein neues Gebäude, direkt neben dem Gyeongbokgung-Palast, bezogen werden. Hier nutzt man die zentrale Lage, um mit ständig wechselnden Sonderausstellungen die verschiedensten Darstellungsformen der zeitgenössischen Kunst einem breiteren Publikum näherzubringen. In Gwacheon werden dagegen weiterhin die Dauerausstellungen, darunter beispielsweise Werke von Joseph Beuys, Andy Warhol, Georg Baselitz, Jörg Immendorff, Marcus Lüpertz, Nam June Paik und zahlreichen weiteren koreanischen Künstlern gezeigt.

Jongno-gu • 30, Samcheong-ro • U-Bahn: Ankuk (Linie 3), Ausgang 1 • www.mmca.go.kr • Di–So 10–18 Uhr • Eintritt 4000 Won, Mi und Sa 18–21 Uhr Eintritt frei
– Gwacheon: 313, Gwangmyeong-ro, Gwancheon-si, Gyeonggi-do • U-Bahn: Seoul Grand Park (Linie 4, Ausgang 2) • www.mmca.go.kr • Di–So 10–18 Uhr • Eintritt frei, Sonderausstellungen 2000 Won

Seoul Museum of Art (SeMA)

(서울시립미술관) ▸ S. 120, B 9

Das Kunstmuseum wird seit 1988 von der Stadt Seoul betrieben. Seit 2002 befindet es sich im ehemaligen Gebäude des Obersten Gerichtshofs, südlich des Deoksugung-Palastes. Neben der Dauerausstellung der koreanischen Künstlerin Chun Kyung-ja, die dem Museum 98 ihrer Werke spendete, umfasst die Sammlung ca. 2600 Arbeiten diverser koreanischer Künstler. Immer wieder gibt es viel beachtete Sonderausstellungen mit Werken weltbekannter Meister wie Chagall, van Gogh, Picasso, Andy Warhol, Henri Matisse und anderen. Diese Sonderausstellungen werden immer mit zu dem jeweiligen Künstler passenden Konzerten begleitet
Jung-gu • 61, Deoksugung-gil • U-Bahn: City Hall (Linie 1, Ausgang 1, Linie 2, Ausgang 10) • http://seoulmoa.seoul.go.kr • Mo–Fr 10–20, Sa, So 10–19 Uhr • Eintritt frei

Seoul Yangnyeongsi Medizinkräuter-Museum (서울약령시 한의약박물관) ▸ Klappe vorne, e 2

Südlich des Yangnyeongsi-Kräutermarktes gelangt man über einen Treppenabgang in das zweite Untergeschoss des **Donguibogam Tower** (erkennbar an der Fassade mit der riesigen Koreafahne). In diesem elegant gestalteten Museum wird die Geschichte und Kultur der Kräutermedizin erzählt. Anhand von Proben kann man sich über rund 500 verschiedene, in der koreanischen Medizin wichtige Heilmittel auf pflanzlicher, tierischer und mineralischer Basis informieren. Viele Kräuter kann man auch sinnlich erleben und an ihnen riechen. Für beispielhaft ausgewählte Leiden besteht die Möglichkeit, anhand eines Rezeptes selbst die passende Kräutermischung zusammenzustellen.
Dongdaemun-gu • 128, Wangsan-ro • U-Bahn: Jegidong (Linie 1), Ausgang 3 • Di–So 10–18 Uhr • Eintritt frei

GALERIEN

Die lebhafte Kunstszene drückt sich auch in der Vielzahl der Galerien aus. Neben etablierten Künstlern wird aufstrebenden Talenten und der asiatischen Subkultur viel Raum eingeräumt. Lohnenswert sind z. B. Besuche in den Vierteln Samcheong-dong östlich des Gyeongbokgung-Palastes (▸ S. 60), in Pyeongchang-dong (▸ S. 88) und in Insa-dong (▸ S. 32), in denen sich besonders viele Galerien konzentrieren. Auch westlich des Gyeongbokgung-Palastes, im Stadtviertel Seochon, haben sich viele kleine, aber feine Galerien angesiedelt.

WUSSTEN SIE, DASS …

… koreanische Schüler seit Jahren exzellent in der Pisa-Studie abschneiden? Der Leistungsdruck ist hoch: Um die Zulassung zur Elite-Uni zu erreichen, besuchen viele Schüler zusätzlich Abendschulen (Hagwon).

Die Vulkaninsel Jeju (▸ S. 92) erstreckt sich vor der Südküste Koreas und ist subtropisch geprägt. Sie ist ein besonders beliebtes Ziel für Hochzeitsreisen.

Spaziergänge und Ausflüge

Auf kleinen Wanderungen die unterschiedlichen Aspekte der Stadt erleben und bei Ausflügen in die nähere Umgebung die Vielseitigkeit Koreas erfahren.

Entlang des Flusses Cheonggyecheon – grüne Oase im Herzen des alten Seoul 6

CHARAKTERISTIK: Ruhe, Natur und Erholung mitten in der Metropole **DAUER:** 2–3 Stunden **LÄNGE:** 2,9/5,8 km **EINKEHRTIPP:** Top Cloud, Jongno-gu, 51, Jong-ro, Tel. 21 98 33 00, www.topcloud.co.kr, €€€€

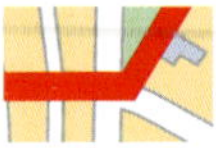

KARTE ▸ **S. 116, B/C 3**

Bis 2002 war der Fluss Cheonggyecheon unter Asphalt versteckt, und nur die älteren Einwohner wussten noch von seiner Existenz. Seit 2005 ist der auf 5,84 km Länge renaturierte Flusslauf ein beliebtes Ziel für Anwohner, Angestellte und Touristen.
Statt die gesamte Strecke von knapp 3 km von der Cheonggye Plaza bis zum Dongdaemun-Einkaufsbezirk zu erwandern, können Sie auch die vielen sehens- und erlebenswerten Punkte entlang des Ufers nutzen, um einzelne Abschnitte des Cheonggyecheon als verbindende Elemente in Ihre Ausflüge einzubauen.

Cheonggye Plaza ▸ Gwanggyo-Brücke

An der **Cheonggye Plaza** startet der Fluss symbolisch als kleines Rinnsal aus einer spiralförmigen Muschel. Aus dem folgenden Sammelbecken gelangt das Wasser über einen Wasserfall in das eigentliche Flussbett, das von Grünstreifen und Fußwegen gesäumt wird. Vor dem Beginn Ihrer Wanderung können Sie noch das links an die Plaza angrenzende **Ilmin-Kunstmuseum** mit einem netten Café oder das **Presseum**, Koreas einziges Zeitungsmuseum, besuchen.
Unter der Mojeongyo-Brücke (gyo = Brücke) hindurch gelangen Sie zur **Gwangtonggyo-Brücke**, einer restaurierten historischen Brücke. Am ersten Vollmond des neuen Jahres findet hier das Dapgyonori-Ritual statt. Jeder, der dabei die Brücke überquert, soll für das kommende Jahr keine Beschwerden mit seinen Beinen haben.
Vor der Gwanggyo-Brücke befindet sich rechter Hand die Zentrale der KNTO mit einer großen Touristeninformation im Untergeschoss. Dazu müssen Sie den Flusslauf verlassen und einige Meter zurücklaufen.
Direkt zur Linken der Gwanggyo-Brücke liegt **Youngpoong**, eine der drei großen Buchhandlungen Seouls.
Etwa 120 m nach Norden gelangen Sie zur Jonggak-Kreuzung mit dem **Bosingak-Glockenpavillon** und dem **Jongno Tower**. Der Pavillon fungiert als Standort für eine 3,18 m hohe Bronzeglocke aus der frühen Joseon-Dynastie. Diese Glocke wird am Neujahrstag, am Tag der Unabhängigkeitsbewegung und am Tag der Befreiung geläutet. Vom exklusiven **Top Cloud Restaurant** in der 33. Etage bietet sich ein fantastischer Blick.

Gwanggyo-Brücke ▸ Samilgyo-Brücke

Nördlich dieser Brücken lockt das jugendliche Vergnügungsviertel **Gwancheol-dong** mit Restaurants, Karaokebars und Internetcafés. Am Fluss selbst befindet sich am nördlichen Ufer ein riesiges Fliesen-Wandgemälde, das die Prozession König Jeongjos zur Hwaseong-Festung darstellt – mit 5000 Kacheln und 192 m Länge das weltweit größte Keramikbild.
Während einer achttägigen Umzugsprozession verlegte König Jeongjo im Oktober 1789 das Grab seines

Vaters zum Berg Paldasan in der heutigen Stadt Suwon. Zwischen 1794 und 1796 ließ er hier die Festung **Hwaseong** errichten und verlegte auch seinen Wohnsitz und sein Machtzentrum an diesen Ort.

Samilgyo-Brücke ▶ Majeongyo-Brücke

Von der Samilgyo-Brücke gelangen Sie nach 250 m Richtung Norden zum **Tapgol-Park** und dem Beginn der als Touristenmeile bekannten **Insadong-gil**. Die Yejidong-Juwelen-einkaufsstraße beginnt 230 m nördlich der Gwansugyo-Brücke. Hier konzentriert sich der Handel mit Industriewerkzeugen und Maschinen.

Von der Seungyo-Brücke sind es 370 m nach Norden zum **Jongmyo-Königsschrein**. An der Baeogaedari beginnt links der **Gwangjang-Markt** mit verlockenden Köstlichkeiten.

An der Majeongyo-Brücke beginnt der **Dongdaemun-Marktbereich**, direkt im Süden befindet sich der Hintereingang zum riesigen **Pyeonghwa-Markt** mit Haushaltstextilien, Strickwaren, Hüten, Unterwäsche etc.

Nach zwei weiteren Brücken (Naraegyo und Beodeuldari) lädt ein Wasserspiel mit Licht- und Musikeffekten zur Rast ein. Das historische Stadttor **Heunginjimun** liegt 120 m nach Norden, daneben beginnt der **Dongdaemun-Schuhmarkt**. Südlich davon sind die großen Kaufhäuser, der Marktbereich für Designerkleidung, die Dongdaemun Design Plaza und der Dongdaemun History & Culture Park nur wenige Meter entfernt.

Ogansugyo-Brücke ▶ Mündung

Dieser 2,9 km lange Abschnitt enthält einige weitere Sehenswürdigkeiten (historischer Waschplatz, Mauer der Hoffnung, Tunnelspringbrunnen sowie das Cheonggyecheon-Museum), allerdings nicht in der Kompaktheit wie im ersten Teilstück. Dieser Bereich ist weniger frequentiert, bietet dafür aber deutlich mehr Muße, die Natur zu genießen.

An den Ufern des wiederhergestellten Flusses Cheonggyecheon (▶ S. 54) entstand im Herzen der umtriebigen Metropole ein attraktives Erholungsgebiet.

Vom Deoksugung zum Blauen Haus

CHARAKTERISTIK: Entlang des Gyeongbokgung-Palastes zum aktuellen Regierungssitz: pulsierendes Leben und chaotischer Verkehr in direkter Nachbarschaft zu einem aufstrebenden Kulturviertel **DAUER:** 2–5 Stunden **LÄNGE:** 2,7 km
EINKEHRTIPP: Café Jiin (지인), 27, Hyoja-ro, Tel. 7 22 78 98, €
KARTE ▸ S. 116, B 4

Deoksugung-Palast ▸ Gwanghwamun Plaza

Dieser Spaziergang startet am Eingang zum **Deoksugung-Palast**. Auf dem kleinen Platz vor der Pforte findet um 11, 14 und 15.30 Uhr ein Wachwechsel der königlichen Garde statt. Die **City Hall Plaza** auf der rechten Straßenseite wird fast jedes Wochenende für Veranstaltungen genutzt. Direkt an die Plaza grenzt das alte, 1926 erbaute **Rathaus** – inzwischen überragt von einem hochmodernen Neubau, der erst im Jahr 2012 eingeweiht wurde.

Entlang der Palastmauer Richtung Norden folgen Sie der **Sejongno**, der ehemaligen königlichen Prachtstraße. Sie führt vom südlichen Stadttor Sungnyemun direkt zum Eingang des Gyeogbokgung-Palastes. Am Ende des Palastes biegen Sie in die zweite Straße nach links ab. Nach wenigen Metern stehen Sie vor der **anglikanischen Kirche** Seouls. Die zwischen 1922 und 1926 in Kreuzform erbaute Kathedrale (endgültige Fertigstellung zwischen 1991 und 1996) verbindet westliche Architektur mit koreanischen Details.

Zurück auf der Hauptstraße sehen Sie nach 220 m auf der anderen Straßenseite die spiralförmige Muschel, aus der symbolisch der renaturierte **Cheonggyecheon** entspringt, direkt daneben einen markanten Glasturm. Mit etwas Glück können Sie durch die Fenster im Untergeschoss des Dong-a-Medienzentrums bei einer Fernsehproduktion zuschauen.

Gwanghwamun Plaza ▸ Seochon

Etwas weiter in der Straßenmitte ist das **Yi-Sun-Shin-Denkmal** unübersehbar. Dieser koreanische Admiral führte zeitweise die koreanischen Seestreitkräfte während des Imjin-Kriegs zwischen 1592 und 1598 und trug zur Abwehr der Invasion bei. Er steht zu Beginn der 34 m breiten und über 500 m langen Gwanghwamun Plaza, die bis zum Eingang des Gyeongbokgung-Palastes reicht. Rechts der Gwanghwamun-Kreuzung erinnert der **Monument Pavillon** an Kaiser Gojong (1852–1919), den letzten König der Joseon-Dynastie und unter dem Namen Gwangmu der erste Kaiser Groß-Koreas.

Direkt daneben findet sich das Kyobo-Gebäude mit der größten Buchhandlung Koreas im Untergeschoss. Etwas weiter Richtung Gyeongbokgung können Technikbegeisterte im **Olleh Square** die neuesten IT- und Telekommunikationsgeräte ausprobieren. Machen Sie dort eine kleine Pause auf dem Terrassencafé und bestaunen Sie die riesige **König-Sejong-Bronzestatue**. Während der Regierungszeit des wissenschaftlich interessierten Königs Sejong der Große (1. Hälfte 15. Jh.) wurde u.a. das koreanische Alphabet Hangeul entwickelt. Hinter diesem Monument befindet sich der Eingang zum sehenswerten **König-Sejong-Muse-**

um. Auf der gegenüberliegenden Straßenseite können Sie die Sejong Galerie und das Sejong Zentrum für darstellende Kunst besuchen.

Am **Gyeongbokgung-Palast** 7 angekommen, schreiten Sie durch das **Gwanghwamun-Tor** und gelangen dann auf einen großen Platz. Hier findet mehrmals täglich zwischen 10 und 15 Uhr eine Wachwechselparade statt. Sie gehen weiter nach links, zwischen Palast und Nationalem Palastmuseum hindurch, und gelangen durch einen Seiteneingang in der Palastmauer auf die ruhige Hyoja-ro, die Sie weiter nach Norden führt. Links dieser Straße liegt das Stadtviertel **Seochon** (Westdorf), in dem es das alte gemütliche Seoul der verwinkelten Gassen und Hanok-Häuser (noch) gibt.

Rund 300 der insgesamt etwa 1400 in Seoul vorhandenen traditionellen Hanoks befinden sich in Seochon. Zurzeit wird dieser Stadtteil als neuer touristischer Geheimtipp gehandelt. Seit einigen Jahren haben immer mehr Kunstgalerien und alternative Künstlerkollektive Seochon zu ihrem Standort auserkoren, und die Bewohner hoffen, dass sich ihre Gegend zu einem angesagten Kunst- und Kulturviertel entwickeln wird. Ansonsten steht zu befürchten, dass auch hier die gewachsene Nachbarschaft Platz für Neubauten machen muss.

Seochon ▶ Blaues Haus

Nach 150 m, an der zweiten Seitenstraße links, warten z. B. die **Jean Art Gallery**, daneben das Café 지인 (»Bekanntschaften«) mit skandinavischer Einrichtung auf Besucher. Nach weiteren 370 m in Richtung Norden gelangen Sie zu einem Platz, dessen Mitte der »Kranichbrunnen« beherrscht. Links von Ihnen liegt das Präsidentenmuseum **Cheongwadae Sarangchae**. In einiger Entfernung dahinter können Sie den Bergrücken des Inwangsan mit der alten Stadtmauer erkennen. Auffallend sind die auch heute noch besetzten Kontroll-

Der Haupteingang zum Blauen Haus, dem Sitz des Präsidenten Koreas (▶ S. 55).

türme. Überhaupt sollten Sie sich nicht über die dunkel gekleideten und unauffällig herumstehenden Personen wundern. Sie befinden sich in unmittelbarer Nähe des von Polizei, Militär und Geheimdienst bewachten Präsidentensitzes.

Um das **Blaue Haus** sehen zu können, müssen Sie noch einige Meter der Straße rechts folgen. Ein Besuch des Blauen Hauses ist nur nach vorheriger Anmeldung möglich. Dann können Sie allerdings sogar in dem Park lustwandeln, der sonst nur dem Präsidenten vorbehalten ist.

Galeriestraße Pyeongchang-dong – Kunst am Rande des Bukhansan-Nationalparks

CHARAKTERISTIK: Große und kleine Kunstgalerien in einem ruhigen Stadtviertel **DAUER:** 1–3 Stunden **LÄNGE:** 0,5 km **EINKEHRTIPP:** KiMi Art, Galerie und Café, Jongno-gu, 47, Pyeongchang 30-gil, Tel. 3 94 86 11, www.kimiart.net, €€
KARTE ▸ **Klappe vorne, nördl. c 1**

Der Wanderweg durch Pyeongchang-dong umrundet das Bukhansan-Berggebiet.

Pyeongchang-dong grenzt unmittelbar an den Bukhansan-Nationalpark und ist einer der wohlhabendsten Stadtteile Seouls. Bewaldete Berghänge, luxuriöse Häuser und Stille bilden einen Kontrast zur Hektik und Enge der Innenstadt, die nur zehn Autominuten entfernt ist. Wegen der steilen Bergflanke ist das Quartier vor einer großflächigen Sanierung geschützt und wird deshalb sein Flair auf absehbare Zeit behalten.

Schräg gegenüber des Lotte-Appartmentblocks Nr. 102 beginnt die Pyeongchang 30-gil (gil = Straße), an der sich seit etwa 1985 viele große und kleine Kunstmuseen und Galerien ansiedelten. Die größte Galerie des Landes, das **Gana Art Center**, kam 1998 nach Pyeongchang-dong.

Es geht direkt steil bergan. Gegenüber des **Sigong Art Space**, am Ende des Parkplatzes, bietet ein traditionelles koreanisches Restaurant nicht nur wohlschmeckende Speisen an, sondern lockt auch mit einem weiten Rundumblick auf das Kunstviertel.

Die Straße führt weiter steil bergauf, auf der linken Seite liegen überwiegend kleinere Geschäfte und Cafés. Rechts folgt eine Galerie auf die andere, darunter **Bandi Trazos** mit lateinamerikanischer und spanischer Kunst, die Galerie **Gleemann**, das **Gana Art Auktionszentrum und Art Center** sowie in einer scharfen Linkskurve, fast an der höchsten Stelle, die Galerie **Sejul**. Kurz vorher bietet die Terrasse des **Café Monet** einen Ausblick über Pyeongchang-dong ins Tal. Das beste Panorama hat man allerdings von dem noch etwas höher gelegenen **KiMi Art Café**, Teil der gleichnamigen Galerie.

Auf dem Rückweg können Sie in die Seitenstraße oberhalb des Gana Art Center einbiegen und dort dem **Total Museum of Contemporary Art** einen Besuch abstatten. Fast alle Galerien und Museen sind montags geschlossen, sonst sind die Ausstellungen bis mindestens 18 Uhr geöffnet.

Nationalpark Bukhansan – Naturerlebnis in Großstadtnähe 5

CHARAKTERISTIK: Dichter Wald, steile Felsen, ein kühler Gebirgsbach, historische Tempel und Einsiedeleien auf einem kleinen Rundkurs **DAUER:** 2–3 Stunden **LÄNGE:** ca. 4 km, **EINKEHRTIPP:** Myeongga Budaejjigae (명가부대찌개), Dobong-gu, 21, Dobongsan-gil, Tel. 9 56 00 05, €€
KARTE ▸ Klappe vorne, nördl. c 1

Vom Ausgang 1 der U-Bahnstation **Dobongsan** überqueren Sie die Straße und marschieren die Stufen hinauf. Folgen Sie dem Weg halblinks an Marktständen vorbei, bis Sie auf eine Straße treffen. Bei dem auffälligen bunten Gebäude links mit Türmchen handelt es sich um einen der vielen, überall anzutreffenden Hochzeitspaläste, die heiratswilligen Koreanern viel Geld für eine schillernd-kitschige Zeremonie abnehmen.

Rechts, immer geradeaus bergauf, geht es vorbei an fliegenden Händlern und Geschäften, die modernste Wanderausrüstung anbieten. Nach etwa 1 km gelangen Sie hinter einer Rechtskurve zum Eingang des Nationalparks: Vor Ihnen warten 80 qkm Natur darauf, zumindest zu einem kleinen Teil erkundet zu werden.

An der großen Übersichtskarte gehen Sie nach links über die Brücke mit der hölzernen Begrenzung. Vorbei am **Neungwonsa-Tempel** erreichen Sie nach etwa 500 m die Einsiedelei **Dobongsan**. Die bunten Malereien an der Außenmauer stellen religiöse Geschichten dar. Sie sind willkommen, sich umzuschauen, etwas zu trinken und sich vom Singsang des Mönchs einlullen zu lassen. An der Kreuzung einige Meter weiter folgen Sie dem Weg nach rechts an den Toilettenhäuschen vorbei. Nach 150 m geht es erneut nach rechts über den holzgepflasterten Weg zwischen Geländern bergab. Nach einigen Biegungen sehen Sie eine Holzbrücke, den Halbzeitpunkt Ihrer Wanderung. Hinter der Brücke wenden Sie sich direkt nach rechts. Natürlich können Sie das Gebiet auf anderen Routen weiter erkunden, ab hier werden die Wege aber teils sehr steil und unwegsam. Sie sollten dann auf jeden Fall festes Schuhwerk tragen. Ansonsten folgen Sie der vorgeschlagenen Route, immer am Bach entlang, bergab. Vorbei an einem Zeltimbiss haben Sie nach rund 800 m wieder den Eingang zum Nationalpark erreicht. Kurz vorher kommen Sie noch am **Kwangljunsa-Tempel** vorbei. Hier betete Königin Sinjeong (1808–1890), die viele Jahre lang aus dem Hintergrund die Politik der späten Joseon-Dynastie mitbestimmte, für ihre Familie.

Während Ihrer Wanderung können Sie sich, wie die meisten Koreaner, an den zahlreichen Imbissstationen verpflegen. Ein empfehlenswertes »richtiges« **Restaurant** (명가부대찌개) befindet sich etwa 600 m vom Eingang entfernt, bergab der Straße folgend, auf der rechten Seite. Zwischen zwei mehrstöckigen Häusern ist es in einem niedrigen grauen Gebäude untergebracht. Es bietet eine große Auswahl an koreanischen Gerichten – und statt Tapeten schmücken Graffiti die Innenwände.

Ausflüge IN DIE UMGEBUNG

Hafenstadt Incheon

CHARAKTERISTIK: Ein Stadtausflug zwischen Tradition und Moderne in Koreas zweitwichtigsten Hafen **ANFAHRT:** Mit der U-Bahnlinie 1 in Richtung Incheon (Fahrpreis mit T-Money-Card 1050 Won, ohne T-Money Card 1150 Won) **DAUER:** Tagesausflug **EINKEHRTIPP:** Chinese Restaurant Yanjing (연경), 41, Chinatown-ro, Jung-gu, Incheon, Tel. 0 32/7 65 78 88, www.ygchina.co.kr, €€ **AUSKUNFT:** Touristeninformation der Incheon Metropolitan City, Incheon Station Plaza, 3-61, 1-ga, Buksung-dong, Jung-gu, Tel. 0 32/7 77 13 30, http://english.visitincheon.org, Öffnungszeiten tgl. 9–18 Uhr

Incheon liegt ca. 28 km westlich von Seoul und bezeichnet sich zu Recht als »Eingangstor Koreas«: Mit dem Vertrag von Gangwah-do aus dem Jahr 1876 bestimmten die Japaner den Hafen zu einem der ersten koreanischen Vertragshäfen. Diese gewaltsame Öffnung gegenüber dem Westen begründete die Einflussnahme ausländischer Mächte und die Modernisierung Koreas. Aus dem Fischerdorf erwuchs schnell ein florierender Handelsplatz.

WUSSTEN SIE, DASS ...

... in der Metropolregion Seoul, zu der auch Incheon gehört, rund 22,5 Mio. Menschen leben? Damit repräsentiert dieser überschaubare Ballungsraum im Norden Südkoreas etwa 46 % der koreanischen Gesamtbevölkerung.

Als mittlerweile drittgrößte Stadt Südkoreas (2,65 Mio. Einwohner) ist Incheon noch immer ein wichtiges »Eingangstor«: Der Hafen von Incheon ist nach Busan der zweitwichtigste maritime Umschlagplatz des Landes. Er hat ein jährliches Aufkommen von mehr als 150 Mio. t Gütern. Zudem reisen alle internationalen Fluggäste am Flughafen von Incheon, einem der größten Airports in ganz Asien, nach Korea ein.

Tradition und Moderne sind gleichsam in Incheon zu finden. Für Ihren Eintritt in das »Tor Koreas« nehmen Sie von Seoul die Linie 1 in Richtung Incheon. Schon wenige Meter nach der Station Onsu passieren Sie die Stadtgrenze der Metropole.

Dong-Incheon ▸ Shinpo-Markt

Steigen Sie in **Dong-Incheon** aus und starten Sie Ihre Erkundungstour am Ausgang 1. Hier fällt der bauliche Unterschied zwischen Seoul und Incheon besonders ins Auge: Incheon ist geprägt von Bauten der 1980er-Jahre, die in Seoul bereits den Neubauten mit ihren glänzenden Fassaden zum Opfer gefallen sind.

Biegen Sie rechts ab. An der Bushaltestelle Dong-Incheon Station passieren Sie die Straße in der Unterführung von Eingang 11 nach Ausgang 12. Von dort aus gehen Sie geradeaus und wenden sich am Ausgang 7 der Haltestelle East-Incheon nach rechts. Wenn Sie weitergehen, erhebt sich auf der rechten Seite die **Naeri Methodist Church**. Sie wurde im Juli 1885 durch Alice Appenzeller gebaut und war die erste methodistische Kirche in ganz Korea.

Folgen Sie der Straße nun weiter bis zum Shinpo Underground Shopping Center (Eingang Nummer 27) und biegen Sie rechts ab. Auf dem **internationalen Markt von Shinpo** können Sie einige lokale Spezialitäten probieren. Die Top drei sind Teigtaschen namens »Mandu«, süß-saures Hühnchen und heiße Donuts (auch »Hot-Donut« genannt).

Shinpo-Markt ▸ Incheon Art Platform

Beim Verlassen der Markthalle biegen Sie rechts ab und nehmen an der Kreuzung gleich die nächste Straße nach links. Hier lohnt ein Blick in die exklusive Einkaufsmeile und die **Sinpo Cultural Street**. In der Sinpo Street haben mehr als 200 namhafte Marken ihren Flagshipstore.

Im Anschluss daran folgen Sie dem Wegweiser in Richtung Chinatown. Auf dem Weg dorthin lohnt sich ein Abstecher ins **Incheon Open Port Modern Architecture Museum**. Die kleine, aber sehr ausführliche Ausstellung zeigt nicht nur die Geschichte der Stadt und ihres Hafens von der Öffnung durch die Japaner im 19. Jh. bis zur Gegenwart. An liebevoll gestalteten Modellen lässt sich ersehen, wie sich städtisches Leben und die Architektur im Lauf der Zeit entwickelt haben.

Vielleicht schauen Sie auch noch in den frisch renovierten Kunsthallen der **Incheon Art Platform** vorbei, die in einem alten Warenhaus errichtet wurden. Mit etwas Glück findet gerade eine der interessanten Kunst- oder Theaterveranstaltungen statt.

Chinatown ▸ Yeonan-Pier

In **Chinatown** angekommen, sollten Sie sich Zeit zum Bummeln nehmen. Wie wäre es mit einem Aufstieg in den **Jayu-Park**, den ersten nach westlichem Vorbild gestalteten Park aus dem Jahr 1888? Von hier aus können Sie die beste Aussicht auf die Stadt genießen. Zahlreiche Läden bieten typisch chinesische Souvenirs an. Nach ausführlicher Erkundung sollten Sie sich in einem der vielen Restaurants stärken. Das Lokal **Yanjing** beispielsweise ist sehr günstig und bietet ein breites Angebot von einfachen Nudelgerichten bis hin zu Haifischflossen und Shrimps.

Nach der Mahlzeit folgen Sie der Straße weiter in Richtung des großen Eingangstores zur Chinatown und zur **Incheon Station**. Von hier aus können Sie mit der Linie 1 den Rückweg antreten. Oder Sie schauen noch am **Yeonan-Pier** im Hafen vorbei. Von hier aus verkehren zahlreiche Fähren in das Ostmeer. Der Fischmarkt ist ebenfalls in der Nähe.

INFORMATIONEN

Incheon Art Platform

3, Jemullyang-ro, 218beon-gil, Jung-gu, Incheon • Tel. 032/7601000 • www.inartplatform.kr

Incheon Open Port Modern Architecture Museum

89, Sinpo-ro, 23beon-gil, Jung-gu, Incheon • Tel. 032/7607549 • www.icjgss.or.kr/architecture • Di–So 9–18 Uhr • Eintritt 500 Won, Jugendliche 300 Won, Kinder 200 Won

Jayu-Park

25, Jayugongwonnam-ro, Jung-gu, Incheon

Naeri Methodist Church

3-1, Uhyeon-ro 67 beon-gil, Jung-gu, Incheon • Tel. 032/7627771

Yeonan-Pier

70, Yeonanbudu-ro, Jung-gu, Incheon

Wochenendparadies Jeju

CHARAKTERISTIK: Meer, Lavastrand, Wälder – die Vielseitigkeit macht die vor der Südküste Koreas gelegene Insel Jeju zu einem beliebten Wochenendziel der Seouler **ANREISE:** Eine knappe Flugstunde ab Gimpo (U-Bahnlinien 5, 9, AREX). Günstige Rückflugtickets gibt es bei Jeju Air (www.jejuair.net) für rund 60 €. Korean Air fliegt etwas teurer mit dem Jumbo (Boeing 747) **DAUER:** 1–2 Tage. Der Ausflug lohnt für jeden, der länger als fünf Tage in Seoul ist. Übernachtung: Orange Tree Hotel & Café, 7-12, Gwandeok-ro 8-gil, Jeju-si, Jeju-do, Tel. 0 64/7 55 86 88, www.orangetreehotels.com, €€ **EINKEHRTIPP:** Innis Free Jeju House Organic Café, 425, Sinhwayeoksa-ro, Andeokmyeon, Seogwipo-si, Jeju-do, Tel. 0 64/7 94 53 51, http://jeju.innisfree.co.kr/jeju/experience/organic-greencafe.jsp, €€ **AUSKUNFT:** Offizielle Touristeninformation der Provinz Jeju, Jeju International Airport, Tel. 0 64/7 42 88 66, http://english.jeju.go.kr

Jeju entstand durch vulkanische Aktivität vor mehr als 1,8 Mio. Jahren. Die Insel hat viele Gesichter: schroffe Lavafelsen an der Südküste, Lavastrände im Norden, im Zentrum der 1950 m hohe bewaldete Berg **Halla**. Um die Insel in ihrer ganzen Pracht zu sehen, kommen Sie möglichst erst nach Einbruch der Dunkelheit in Jeju an. Fahren Sie mit dem Mietwagen (z. B. von KT) gleich zum Hotel. So können Sie der Insel am nächsten Morgen ausgeruht und unvoreingenommen beim Aufwachen zusehen.

Zur Insel Udo

Starten Sie Ihre Inselrundfahrt so früh, dass Sie den Sonnenaufgangsgipfel **Seongsan Ilchubong** etwa eine Stunde vor der Dämmerung erreichen. Bereits beim 20-minütigen Aufstieg über Holztreppen sehen Sie schlafende Dörfer und leuchtende Schiffe auf dem Meer. Der Sonnenaufgang ist ein eindrucksvolles rotorangenes Farbenspiel.

Stärken Sie sich in einem der Kaffeehäuser am Parkplatz und fahren Sie nur etwa 5 Minuten bis zum Fährhafen von **Seongsan**. Von hier aus geht die Fähre zur Insel **Udo**, ebenfalls eine Vulkaninsel. Der Name heißt übersetzt »Kuh«, weil der Umriss an ein liegendes Rind erinnert. Doch nicht die Kühe waren wichtig: 1697 ließ König Sukjong hier eine Pferdezucht aufbauen. Nach 15 Minuten Fährüberfahrt können Sie im Hafen Fahrräder, Motorroller oder Quads zur Erkundung ausleihen. Sehenswert sind der Berg **Udobong** mit einer Höhe von 132,5 m und der weiße Korallenstrand von **Seo-Bin-Baek-Sa**. Das Wandernetz hat eine Gesamtlänge von 15,9 km.

Seongsan ▸ Seogwipo

Nach der Rückkehr von Udo setzen Sie Ihre Fahrt entlang der Südküste in Richtung **Seogwipo** fort. Sie sollten die Hauptstraße hin und wieder verlassen. Entlang der Küstenstrecke (Beschilderung: »Costal Road«) erwarten Sie schroffe Felsenklippen, einsame Fischerhäuser und einladende Rastplätze. Das Anhalten lohnt ebenfalls am lang gezogenen, weißen Sandstrand von **Pyoseon** sowie am **Jeongbang-Wasserfall**.

Nach etwa zweistündiger Fahrt lohnt die Einkehr im Innis Free Jeju House. Der koreanische Kosmetikhersteller produziert nur mit organischen Inhaltsstoffen. Im Café können Sie

Ihre eigene Bioseife fertigen und verzieren. Oder genießen Sie hausgemachtes Eis und Limonade.

Seogwipo ▶ Jeju City

Steuern Sie nun durch das grüne Inland zurück in Richtung Jeju City. Ein Besuch im **Jeju Stone Park** rundet Ihre Inselrundfahrt ab. Ein Museum zeigt die Entstehung der Insel Jeju und die vulkanischen Aktivitäten weltweit. Im Außengelände laden Steinfiguren von Obaek Jen-Goam und ein traditionelles Dorf zur Besichtigung ein.

Gerne können Sie auch im Nationalpark ab **Jeolmul** auf Wanderschaft gehen. Oder staunen Sie über die mysteriöse Straße die scheinbar bergauf, tatsächlich aber bergab geht. Unbedingt probieren: Jeju-Spezialitäten wie »Black Pork« (»Heukdweji Gui«) oder die Rindfleisch-Nudel-Suppe »Kokeekooksoo«.

INFORMATIONEN

Jeju Stone Park

2023, Namjo-ro, Jocheon-eup, Jeju-si, Jeju-do • Tel. 064/7107731 • www.jejustonepark.com • tgl. 9–18 Uhr (letzter Einlass 17 Uhr) • Eintritt 5000 Won, Kinder 3500 Won

Jeolmul

584, Myeongnim-ro, Jeju-si, Jeju-do • Tel. 064/7217421 • http://jeolmul.jejusi.go.kr • ganzjährig geöffnet, nachts von 22–5 Uhr geschl. • Erwachsene 1000 Won, diverse Ermäßigungen für Jugendliche

Jeongbang-Wasserfall

37, Chilsimni-ro, 214beon-gil, Seogwipo-si, Jeju-do • Tel. 064/760 6341 • tgl. 8–18 (Winter), 8–19 Uhr (Sommer) • Eintritt 2000 Won, Kinder 1000 Won

KT rental Autovermietung

96, Yonghae-ro, Jeju-si, Jeju-do • Tel. 064/7518000 • www.ktkumhorent.com • tgl. 8–22 Uhr

Mysteriöse Straße (Mysterious Road, korean. Dokkaebi Road)

Jeju Special Self-Governing Province • 2894-63, 1100-ro, Jeju-si, Jeju-do

Impressionen am Sonnenaufgangsgipfel Seongsan Ilchubong (▶ S. 92) auf Jeju.

Sonnenaufgangsgipfel (Seongsan Ilchulbong)

284-12, Ilchul-ro, Seongsan-eup, Seogwipo-si, Jeju-do • Tel. 064/710 6655 • im Winter tgl. 1 Std. vor Sonnenaufgang bis 20 Uhr, im Sommer bis 21 Uhr • Eintritt 2000 Won, Kinder 1000 Won

Udo Island ab Seongsan Hafen

Seongsan Harbor • Tel. 064/782 7719 • Fährverkehr 7.30–18.30 Uhr • Fahrpreis 2000 Won, diverse Ermäßigungen für Jugendliche

Sperrgebiet DMZ – An der Demarkationslinie zwischen Nord- und Südkorea 10

CHARAKTERISTIK: Mysteriös und surreal – die entmilitarisierte Zone an der Grenze zu Nordkorea erweist sich als ein letztes Relikt des Kalten Krieges **ANFAHRT:** Mit einer organisierten Bustour steuern Sie die wichtigsten Orte an (▸ S. 95) **DAUER:** Tagesausflug **EINKEHRTIPP:** Die meisten Bustouren machen bei einem koreanischen Restaurant halt. Für das Essen sollten Sie mindestens 10 000 Won pro Person einplanen

Gerade einmal 58 km nördlich vom Stadtzentrum Seouls entfernt liegt eine der am schärfsten bewachten Grenzen der Welt: die Grenze zwischen Nord- und Südkorea. Über eine Länge von 248 km zieht sie sich quer über die koreanische Halbinsel. Es ist die letzte Staatsgrenze der Welt, an der der kalte Krieg noch Wirklichkeit ist. Auf Höhe des 38. Breitengrades trennen sich Welten: Das kommunistische, verschlossene und totalitär diktierte Nordkorea grenzt an das florierende, weltoffene und demokratisch regierte Südkorea.

Nur eine Pufferzone verhindert das direkte Aufeinandertreffen beider Welten: Sie wird als Demilitarisierte Zone (DMZ) bzeichnet. Der Bereich ist 4 km breit und neutral, in seiner Mitte verläuft die Militärische Demarkationslinie (MDL) – so geregelt durch das Waffenstillstandsabkommen nach dem drei Jahre dauernden Koreakrieg vom 27. Juli 1953.

Allein schon ihre historische Bedeutung und die erstaunliche Nähe zu Seoul machen die DMZ zu einem surrealen Ort, dessen Rätseln Sie bei Ihrer Reise nach Seoul unbedingt nachspüren sollten. Auf eigene Faust ist das allerdings kaum möglich. Die Demilitarisierte Zone dürfen Sie nur mit einer Sondergenehmigung betreten. Einfacher ist es mit einer organisierten Busreise. Die Vorteile: Sie müssen sich nicht selbst um eine Genehmigung kümmern. Stattdessen werden Sie mit dem Bus zu den wichtigsten Sehenswürdigkeiten gebracht und profitieren von interessanten Informationen Ihres Tourbegleiters. Die organisierten Busreisen steuern dabei meistens die im Folgenden genannten Orte an.

Seoul ▸ Imjingak

Auf der Friedensstraße gelangen Sie von Seoul zur DMZ. Bevor Sie einen ersten Militärstützpunkt erreichen, müssen Sie noch den Imjingang-Fluss über die sogenannte **Vereinigungsbrücke** überqueren. Sie wurde vom Gründer des Automobilherstellers Hyundai Chung Ju-yung gespendet, der selbst aus Nordkorea stammte und die Brücke errichten ließ, nachdem er seine Familie in Nordkorea wiedersehen durfte.

Imjingak ▸ Camp Bonifas

Der Ort **Imjingak** liegt wenige Kilometer südlich der DMZ und kann ohne Genehmigung betreten werden. Vom dortigen Observatorium aus können Sie den Industriekomplex von **Gaesong**, nordkoreanische Wachposten und ein Propagandadorf erspähen. Achtung: Fotos dürfen Sie nur von einer gelben Linie vor der Brüstung des Ausgucks machen. Für den Blick durch ein stationäres Fernglas können Sie vor Ort 500-Won-Münzen wechseln.

Camp Bonifas ▸ Grenzbaracken

Das **Camp Bonifas** in Panjmunjeon trägt den Namen eines amerikanischen Soldaten. Er wurde im Jahr 1974 von nordkoreanischen Grenzsoldaten brutal mit einer Axt ermordet, als er eine Gruppe von Gärtnern begleitete, die die Äste eines Baums stutzen sollten. Im Camp werden Sie von den Soldaten der Militärpolizei in Empfang genommen. Sie überprüfen den Reisepass und führen Sie anschließend in das Besucherzentrum der **Gemeinsamen Sicherheitszone** (Joint Security Area, JSA).

Das Gebäude sollte ursprünglich als Begegnungsort für Nord- und Südkoreaner dienen. Da Nordkorea seine Bürger nicht gen Süden reisen lässt, nutzen es die Vereinten Nationen heute als Informationszentrum. Hier erhalten Sie ein Briefing über die Entstehung und den Status der Demilitarisierten Zone. Anschließend werden Sie von Soldaten zu den **blauen Baracken** geführt, in denen 1953 das Waffenstillstandsabkommen unterzeichnet wurde.

Auch heute werden die Räume zeitweise für offizielle Begegnungen genutzt. Die Baracken stehen genau auf der innerkoreanischen Grenze. Die Innenräume haben Ausgänge zu beiden Seiten. Dies ist der einzige Ort in der gesamten Demilitarisierten Zone, an dem Sie gefahrlos einen Schritt auf nordkoreanisches Staatsgebiet machen können. Nur sollten Sie anschließend wieder den richtigen Ausgang nehmen.

Im Invasionstunnel

Der **dritte Invasionstunnel** ist der dritte von insgesamt vier entdeckten Tunneln zwischen Nord- und Südkorea. Er wurde am 17. Oktober 1978 ausfindig gemacht. Seine Maße betragen 2 m in der Höhe, 2 m in der Breite und 1,6 km in der Länge. Rund 30 000 Soldaten könnten ihn bei einer Invasion pro Stunde durchqueren. Nordkorea hat den Bau des Tunnels heftig bestritten und bis heute nicht zugegeben. Sie können den Tunnel bis wenige Meter vor der Demarkationslinie erkunden und sich selbst ein Bild davon machen, ob die Sprengungen aus nördlicher oder südlicher Richtung vorangetrieben wurden.

INFORMATIONEN

DMZ Tours

Individueller DMZ-Besuch mit Abholung am Hotel.

Seosomun-ro 11-gil, Rm. 303 SinA Building 50, Jung-gu, Seoul • Tel. 27 57 10 09 • www.dmztours.com • Preis je nach Angebotsumfang 40 000–140 000 Won

Koridoor

Offizielle DMZ-Reise mit der United Service Organization, einer gemeinnützigen US-Organisation. Abfahrt ab Camp Kim, USO-Office.

251, Hangang-daero, Yongsan-gu, Seoul • U-Bahn: Samgakji (Linie 4, 6), Ausgang 10 • Tel. 27 94 25 70 • www.koridoor.co.kr • Preis je nach Angebotsumfang 43 000–96 000 Won

Seoul City Tour

DMZ-Touren mit unterschiedlicher Länge ab Hotel.

25, Insadong 5-gil, R507 Hanaro Building, Jongno-gu, Seoul • Tel. 27 74 33 45, englische Reservierungen: 1 96 07 74 51 • www.seoulcitytour.net/english • Preis je nach Angebotsumfang 40 000–135 000 Won

Das Ufo ist gelandet: Im Herzen des Dongdaemun-Modemarktes bildet die Dongdaemun Design Plaza (▶ S. 58) das neue Designzentrum für Korea.

Wissenswertes über Seoul

Nützliche Informationen für einen gelungenen Aufenthalt: Fakten über Land, Leute und Geschichte sowie Reisepraktisches von A bis Z.

Auf einen Blick

Mehr erfahren über Seoul – Informationen über Land und Leute, von Bevölkerung über Politik und Sprache bis Wirtschaft.

AMTSSPRACHE: Koreanisch
EINWOHNER: 10,38 Mio., Metropolregion: 25,6 Mio.
FLÄCHE: 605,2 qkm, Metropolregion: 2163 qkm
INTERNET: www.seoul.go.kr
RELIGION: 26,3 % Christen, 23,2 % Buddhisten, 49,3 % konfessionslos
VERWALTUNG: 25 Bezirke (Gu)
WÄHRUNG: Won (KRW)

Bevölkerung

Über mehrere Jahrhunderte hinweg lag die Einwohnerzahl Seouls um die 200 000. Erst nach dem Ende des Koreakriegs 1953 wurde die Millionenmarke dauerhaft überschritten. Ab etwa 1986 pendelte sich die Einwohnerzahl um die 10 Mio. ein. Ein weiteres Wachstum innerhalb des Stadtgebietes wird durch den Mangel an Bauplätzen gebremst. Die Bevölkerungszunahme konzentriert sich jetzt auf Satellitenstädte, darunter mehrere Millionenstädte, die durch ein dichtes Netz von Autobahnen, Buslinien und U-Bahnen mit Seoul verbunden sind.
Mit über 25 Mio. Einwohnern (rund 50 % der gesamten koreanischen Bevölkerung) bildet die Metropolregion Seoul die zweitgrößte Ansiedlung der Erde. Trotz der stetig wachsenden Bedeutung der Stadt als Wirtschaftsmetropole leben heute nur 415 000 Ausländer in Seoul. Bis 2020 soll diese Zahl auf 1 Mio. steigen.

◀ Kultur der Teezubereitung in einem der vielen Teehäuser in Insa-dong (▶ S. 32).

Lage und Geografie

Seoul liegt im Nordwesten der koreanischen Halbinsel, am Unterlauf des Han-Flusses (Hangang) und ist nur rund 45 km von der Grenze zu Nordkorea entfernt. Der Hangang teilt Seoul in einen nördlichen und einen südlichen Teil. Das Gebiet südlich des Flusses wurde erst ab etwa Anfang der 1970er-Jahre intensiv besiedelt. Heute leben etwa 60 % der Seouler südlich des Hangang.

Politik und Verwaltung

Innerhalb Koreas ist Seoul verwaltungspolitisch den Provinzen gleichgestellt. Dies drückt sich auch im amtlichen koreanischen Namen Seoul Teukbyeolsi (서울특별시, »Besondere Stadt Seoul«) aus. Seoul wird durch den Stadtrat und die Seouler Hauptstadtregierung verwaltet. Der Stadtrat und der Bürgermeister (als Vorstand der Hauptstadtregierung) werden direkt und für eine Amtszeit von jeweils vier Jahren gewählt.
Seoul ist in 25 Bezirke unterteilt, die 1988 von reinen Verwaltungseinheiten für die Stadtverwaltung in politisch eigenständige Distrikte umgewandelt wurden. Seit 1995 besitzt jeder dieser Stadtteile einen eigenen, vom Volk gewählten Bürgermeister.

Religion

Während die herrschende Kaste der Joseon-Dynastie (1392–1910) dem Neokonfuzianismus zugetan war, blieb ein großer Teil des Volkes beim 372 von China nach Korea gelangten buddhistischen Glauben. Obwohl fast die Hälfte der koreanischen Bevölkerung angibt, keinem Glauben anzugehören, ist der Alltag noch immer stark von buddhistischen und konfuzianischen Gedanken geprägt. Das Christentum kam ab 1784 nach Korea. Seit den 1960er-Jahren erlebt es einen beispiellosen Aufstieg.

Sprache

Moderne Linguisten sehen das Koreanische als eine isolierte Sprache oder als separate Abspaltung der altaischen Sprachfamilie an. Über einen langen Zeitraum wurden chinesische Schriftzeichen zur Wiedergabe der Sprache verwendet. Da diese jedoch schwer zu erlernen waren, konnte sich nur die gebildete Schicht schriftlich ausdrücken. Auf Anordnung von König Sejong entwickelte eine Gruppe von Gelehrten 1443 die neue, einfach zu erlernende Schrift, das Hunminjeongeum (»die richtigen Laute zum Lehren des Volkes«) – das heutige Hangeul. Das koreanische Alphabet ist eine Buchstabenschrift, und das Hunminjeongeum Manuskript, das während der Herrschaft von König Sejong entstand und Hangeul in seiner Funktionsweise beschreibt, zählt seit 1997 zum UNESCO-Welterbe.

Wirtschaft

Im Dienstleistungssektor besitzt Seoul eine Vorrangstellung. Fast alle staatlichen und privatwirtschaftlichen Verwaltungs-, Planungs- und Kontrollinstitutionen waren bis vor Kurzem in der Hauptstadt angesiedelt. Inwischen wurden allerdings viele davon in andere Städte verlegt. Von den rund 750 000 Firmen und Betrieben in Seoul haben knapp 1300 mehr als 300 Angestellte. Das wichtigste Industriegebiet ist der Korea Export Industrial Complex.

Geschichte

4000 v. Chr.

Durch archäologische Funde sind jungsteinzeitliche Siedlungen im Gebiet des Unterlaufs des Hangang nachgewiesen.

18 v. Chr.

Das neue Königreich Baekje (1. Jh. v. Chr.–7. Jh. n. Chr.) gründet seine Hauptstadt Hansung (Uiraesung) im Bereich des heutigen Seoul.

5. Jh.

Baekje muss sich auf Druck des übermächtigen Königreichs Goguryeo nach Süden zurückziehen und verlegt 427 n. Chr. seine Hauptstadt nach Ungjin (heute Gongju).

10. Jh.

Erst in der späten Goryeo-Dynastie (918–1392), mit der zunehmenden Bedeutung des Hangang-Flusses als zentraler Verkehrsader, nimmt auch die Bedeutung von Hanyang, dem heutigen Seoul, wieder zu.

1352

Zur Stärkung der Goryeo-Dynastie wird der Umzug der Hauptstadt Kaesong (jetzt Nordkorea) nach Hanyang diskutiert. Er findet zunächst nicht statt.

1392

König Taejo stürzt die Goryeo-Dynastie und gründete ein neues Königreich, die Joseon-Dynastie.

1394

Der Sitz der Regierung wird von Kaesong nach Hanyang verlegt. Die Stadt erhält den Namen Hanseong (»Festungsstadt am Han-Fluss«).

16. Jh.

Während zwei groß angelegter japanischer Invasionen wird Korea ausgeraubt und völlig verwüstet. Hanseong wird 1592 von den Japanern erobert.

17. Jh.

Von Norden dringen die Mandschuren nach Korea und versuchen das Land unter ihre Herrschaft zu zwingen. Sie nehmen Hanseong 1635 ein. Aufgrund dieser schmerzlichen Erfahrung schottet sich die Joseon-Dynastie ganz gegen das Ausland ab.

1724

Unter König Yeongjo blüht die Stadt erneut auf und wächst zu einem wichtigen Handelszentrum heran.

1876

Auf japanischen Druck öffnet sich Hanseong (und damit ganz Korea) gegenüber dem Ausland. Erste Botschaften müssen eröffnet werden.

1883

Das erste Freundschafts- und Handelsabkommen zwischen Deutschland und Korea wird geschlossen. In den Jahren 1882 bis 1885 spielt der deutsche Jurist und Sinologe Paul Georg von Möllendorff eine wichtige Rolle bei der Entwicklung und Strukturierung der koreanischen Außenbeziehungen.

1899

Als erster Ort in Ostasien erhält Hanseong eine Straßenbahn. Die Stadt wird zur modernsten in der Region und verfügt über Elektrizität, Wasserleitungen sowie Telefon.

Langsam, aber stetig steigt die Einwohnerzahl; sie hatte über zwei Jahrhunderte bei ca. 200 000 gelegen.

1901

Franz Eckert, Komponist und Königlich Preußischer Hofkapellmeister, trifft auf Einladung des Koreanischen Kaiserreichs in Seoul ein. Seine Aufgabe ist die Ausbildung koreanischer Musiker an europäischen Instrumenten und der Aufbau eines Militärorchesters. Im Auftrag des Hofes komponiert er eine koreanische Nationalhymne und erhält für seine Verdienste von Kaiser Gojong den Verdienstorden dritter Klasse.

1910

Die Japaner annektieren Korea und machen Hanseong unter dem neuen Namen Gyeongseong zur Kolonialhauptstadt.

1946

Ein Jahr nach dem Ende der japanischen Besatzung erhält die Stadt ihren heutigen Namen Seoul. Mit Gründung der Republik Korea (Südkorea) am 15. August 1948 wird Seoul zur Hauptstadt erklärt.

1953

Seoul war im Verlauf des Koreakriegs (1950–1953) nahezu komplett zerstört worden, ein Teil der Bevölkerung wurde entführt. Mit amerikanischer Unterstützung beginnt ein enormes Rekonstruktions- und Modernisierungsprogramm, das den Lebensstandard und die Wohnsituation der Einwohner deutlich verbessert.

1988/2002

Die Austragung der Olympischen Sommerspiele und der Fußballweltmeisterschaft verschafft der koreanischen Hauptstadt endgültig ihre internationale Anerkennung.

2005

Der von einer Hochstraße befreite und renaturierte Flusslauf Cheonggyecheon wird eröffnet. Statt 170 000 Fahrzeugen genießen täglich 100 000 Personen die grüne Oase mitten in der Stadt. Dies ist das bedeutendste Ergebnis des 2002 gestarteten Projektes »Grünes Seoul«. Seitdem versuchen die Stadtplaner – trotz des weiterhin ungebrochenen Baubooms –, verstärkt ökologische und historische Gesichtspunkte bei Neubauten zu beachten.

ab 2010

Viele Hundert Kilometer neuer Rad- und Wanderwege entstehen. Immer mehr Stadtteilverwaltungen richten Fahrrad-Mietstationen ein.

2012

Eröffnung des ersten Null-Energie-Gebäudes in Korea. Das »Seoul Energy Dream Center« entstand in Zusammenarbeit mit dem deutschen Fraunhofer-Institut für solare Energiesysteme (ISE) in Freiburg.

2014

Mit dem Ziel, Seoul weiter als internationales Design-Mekka zu etablieren, wird nach über fünfjähriger Bauzeit die DDP (Dongdaemun Design Plaza) eröffnet.

2016

Geplante Fertigstellung des Lotte World Tower. Mit der angepeilten Höhe von 555 m wird er zu den höchsten Gebäuden Asiens und den höchsten der Welt zählen.

Sprachführer Koreanisch

Menschlicher Umgang

Guten Tag 안녕하세요 – annyeonghaseyo
Auf Wiedersehen 안녕히계세요 – annyeonghi gyeseyo
Danke! 감사합니다 – gamsahamnida.
Bitte sehr! 천만에요 – cheonmaneyo.
Ja/Nein 예/아니요 – ye/aniyo
Entschuldigung 미안합니다 – mianhamnida
Ich habe das nicht verstanden. 잘 모르겠어요 – jal moreugesseoyo.
Sprechen Sie Englisch? 영어 할 줄 아세요 – yeongeo hal jul aseyo?
Wie geht es Ihnen/Dir? 어떻게 지내세요/지내 – eotteoke jinaeseyo/jinae?
Gut 잘 지내요 – jal jinaeyo
Wie heißen Sie? 성함이 어떻게 되세요 – seonghami eotteoke doeseyo?
Mein Name ist … 제 이름은 … 입니다 – je ireumeun … imnida.

Auf Orientierungssuche

Wo ist …? … 어디에 있어요 – eodie isseoyo?
Bitte zeigen Sie mir den Weg nach/zu … … 에 가는 길을 가르쳐주세요 – … e ganeun gireul gareuchyeo juseyo.
Links/rechts/geradeaus 오른쪽/왼쪽/똑바로 – oreunjjok/oenjjok/ttogbaro

Beim Entdecken

Geöffnet/geschlossen 열렸음/닫혔음 – yeollosseum/dachyeosseum
Gibt es eine Führung auf Englisch? 영어 가이드 투어가 있나요 – yeong-eo gaideu tueo ga innayo?

Beim Einkauf

Haben Sie …? … 있어요 – isseoyo?
Es gefällt mir sehr gut. 아주 마음에 들어요 – aju maeume deureoyo.
Es gefällt mir nicht. 마음에 안 들어요 – maeume an deureoyo.
Wie viel kostet …? … 얼마예요 – eolmayeyo?
Das ist zu teuer. 너무 비싸요 – neomu bissayo.
Ich bezahle nur … Won. 저는 #원 밖에 없어요 – jeoneun … won bakk-e eobs-eoyo.
Ich nehme es. 이것 주세요 – igeot juseyo.
Wo ist die Kasse? 계산대는 어디에 있어요 – gyesandaeneun eodie isseoyo?

Im Restaurant

Bedienung! 여기요 – yeogiyo!
Die Speisekarte bitte. 메뉴판 주세요 – menyupan juseyo.
Ich hätte gern … … 주세요 – juseyo.
Guten Appetit! 맛있게 드세요 – masitge deuseyo.
Prost! 건배 – geonbae!
Die Rechnung bitte! 계산서 주세요 – gyesanseo juseyo!
Nehmen Sie Kreditkarten? 카드 계산 되나요 – card gyesan doenayo?

Im Taxi

Bitte bringen Sie mich zu dieser Adresse. 이 주소로가주세요 – i jusoro gajuseyo.
Bitte halten Sie hier an. 여기 멈추어주세요 – yeogi meomchueo-juseyo.
Bitte fahren Sie noch bis dorthin. 저기까지 가 주세요 – jeogikkaji ga juseyo.

Mit dem Mietwagen unterwegs

Ich möchte ein Auto mieten. 차를 렌트하고 싶어요 – chareul renthago sipeoyo.

Wie viel kostet das? 얼마예요 – eolmayeyo?

Wann ist die Rückgabe? 언제까지 반납하면 되나요 – eonjekkaji bannaphamyeon doenayo?

Einmal volltanken, bitte 가득이요/가득 넣어주세요 – gadeugiyo/gadeuk neoeojuseyo

Diesel/Benzin 디젤/가솔린 – dijel/gasollin

Auf Reisen

U-Bahnstation 지하철역 – jihacheol-yeog

Bushaltestelle 버스 정류장 – beoseu jeonglyujang

Bahnhof 역 – yeog

Flughafen 공항 – gonghang

Eine Fahrkarte nach … bitte … 행 표 한 장 주세요 – … haeng pyo han jang juseyo

Einfache Fahrt/hin und zurück, bitte 편도로/왕복으로 주세요 – pyeondoro/wangbogeuro juseyo

Wann fährt der Bus/Zug ab? 버스는/기차는 언제 출발해요 – beoseuneun/gichaneun eonje chulbahaeyo?

Wann geht der Flieger? 비행기는 언제 이륙해요 – bihaenggineum eonje iryukaeyo?

Wo ist der nächste Geldautomat? 가까운 ATM은 어디입니까 – gakkaun ATM eun eodi ibnikka?

Übernachten

Ich hätte gerne ein Einzelzimmer/Doppelzimmer. 침대 하나짜리 방을 주세요./침대 두 개짜리 방을 주세요 – chimdae hanajjari bangeul juseyo/chimdae du gaejjari bangeul juseyo.

Für eine Nacht/zwei Nächte/eine Woche 하루/이틀/일주일 – haru/iteul/iljuil

Hotel 호텔 – hotel

Hostel 호스텔 – hoseutel

Notfälle

Können Sie mir helfen? 도와주세요 – dowa juseyo?

Bitte rufen Sie die Polizei! 경찰에 전화해주세요 – gyeongchale jeonhwahejuseyo.

Bitte rufen Sie einen Krankenwagen. 응급차를 좀 불러 주세요 – eung-geubchaleul jom bulleo juseyo.

Ich wurde bestohlen. 도둑 맞았어요 – dodug maj-ass-eoyo.

Ich habe eine Panne. 자동차가 고장 났어요 – jadongchaga gojang nass-eoyo.

Es gab einen Unfall. 사고가 났어요 – sagoga nasseoyo.

Ich habe Durchfall. 설사가 나요 – seolsaga nayo.

Ich habe Zahnschmerzen. 이가 아파요 – iga apayo.

Ich habe Fieber. 열이 나요 – yeol-i nayo.

Zählen

1 일/하나 – il/hana
2 이/둘 – i/dul
3 삼/셋 – sam/set
4 사/넷 – sa/net
5 오/다섯 – o/daseot
6 육/여섯 – yuk/yeoseot
7 칠/일곱 – chil/ilgop
8 팔/여덟 – pal/yeodeolb
9 구/아홉 – gu/ahop
10 십/열 – sip/yeol
100 백 – baek
1000 천 – cheon
10000 만 – man
100000 십만 – simman
1000000 백만 – baengman

Kulinarisches Lexikon

A

Albap 알밥 – Reis mit Gemüse und Fischrogen

B

Banchan 반찬 – Beilagen
Barugongyang 발우공양 – Mönchsmahlzeit (Buddhistische Küche)
Bbang 빵 – Brot
Bibimbap 비빔밥 – Gemischter Reis mit Gemüse und Chilipaste
Bindaetteok 빈대떡 – Mungobohnen-Pfannkuchen
Bokkeumbap 볶음밥 – Bratreis
Budae Jjigae 부대찌개 – Bunter Eintopf mit Würstchen und Nudeln
Bulgogi 불고기 – Hauchdünne, marinierte Rindfleischstreifen

C

Cha 차 – Tee
Chamchi 참치 – Thunfisch
Chamgireum 참기름 – Sesamöl

D

Dak 닭 – Huhn
Dakbokkeumtang 닭볶음탕 – Scharfer Hühnereintopf
Dakgalbi 닭갈비 – Gebratenes Hühnchen mit Gemüse
Doenjang 된장 – Sojabohnenpaste
Doenjang Jjigae 된장찌개 – Sojabohnenpasteneintopf
Dolsot 돌솥 – Im Steintopf serviert
Donkaseu 돈까스 – Schweineschnitzel
Dubu Kimchi 두부김치 – Tofu mit Kimchi
Dwaejigogi 돼지고기 – Schweinefleisch

E

Eomuk 어묵 – Fischteigspieß in Brühe

G

Galbi 갈비 – Gegrillte Rinderrippchen
Galbitang 갈비탕 – Rinderbrühe mit Glasnudeln und Fleischeinlage
Gamjatang 감자탕 – Deftiger Eintopf mit Schwein, Kartoffeln, Kräutern
Ganjang 간장 – Sojasoße
Ggochi 꼬치 – Spieß
Gimbap 김밥 – Reis-Algen-Rolle mit verschiedenen Füllungen
Gochujang 고추장 – Chilipaste
Godeungco 고등어 – Makrele
Gonggibap 공기밥 – Reis in der Schale
Gui 구이 – Gegrillt
Gukbab 국밥 – Reissuppe
Guksu 국수 – Nudeln
Gungjung Eumsik 궁중음식 – Palastküche
Gwail 과일 – Obst

H

Haemul 해물 – Meeresfrüchte
Haemul Pajeon 해물파전 – Eierkuchen mit Lauch und Meeresfrüchten
Hanjeongsik 한정식 – Traditionelles Gedeck mit vielen Beilagen
Hoddeok 호떡 – Mit Zimt und Zucker gefüllter Pfannkuchen
Hoe 회 – Roher Fisch (Sashimi)

J

Jabchae 잡채 – Gemischter Glasnudelsalat
Jajangmyeon 자장면 – Nudeln in süßer schwarzer Sauce
Jeongsik 정식 – Set aus Hauptgericht, Suppe, Beilagen und Reis
Jeotgal 젓갈 – Eingepökelte Meeresfrüchte

Jeyuk Bokkeum 제육볶음 – Scharf gebratene Schweinefleischpfanne
Jjambbong 짬뽕 – Meeresfrüchteeintopf mit Nudeln
Jjigae 찌개 – Eintopf
Jjimdak 찜닭 – Süß-scharfes Huhn mit Glasnudeln und Kartoffeln
Juk 죽 – Reisbrei

K

Kkakdugi 깍두기 – Gewürfeltes Rettichkimchi
Kalguksu 칼국수 – Nudelsuppe mit Muscheln und frischen Nudeln
Keopi 커피 – Kaffee
Kimchi 김치 – Meist scharf eingelegtes Gemüse, meist Kohl
Kimchi Jjigae 김치찌개 – Kimchi-Eintopf
Kimchijjim 김치찜 – Gedämpftes Kimchi mit Schweinefleisch
Kongnamul 콩나물 – Sojasprossen

M

Makgeolli 막걸리 – Trüber Reiswein
Mandu 만두 – Teigtaschen
Manduguk 만두국 – Suppe mit Teigtaschen
Maekju 맥주 – Bier
Muchim 무침 – Traditioneller, scharf angemachter Salat
Mul 물 – Wasser
Miyeokguk 미역국 – Seetangsuppe

N

Naengmyeon 냉면 – Kalte Buchweizennudeln mit Brühe
Nakji 낙지 – Oktopus
Nakjibokkeum 낙지볶음 – Scharf angebratener Oktopus mit Reis
Namul 나물 – Kräuterbeilagen

O

Ojingeo 오징어 – Tintenfisch
Ori 오리 – Ente

P

Patbingsu 팥빙수 – Geschabtes Eis mit süßen Bohnen
Pajeon 파전 – Eierkuchen mit Lauch

S

Samgyeopsal 삼겹살 – Gegrillter Schweinebauch
Samgyetang 삼계탕 – Hühnersuppe mit einem ganzen, mit Ginseng und Datteln gefüllten jungen Huhn
Sigeumchi 시금치 – Spinatbeilage
Sogogi 소고기 – Rindfleisch
Soju 소주 – 20 %-iger Schnaps
Ssambap 쌈밥 – Reis zum Einwickeln in verschiedene Blattsalatsorten
Sujebi 수제비 – Teigfladensuppe mit Kartoffeln
Sujeonggwa 수정과 – Zimtpunsch
Sundae 순대 – Blutwurst

T

Tangsuyuk 탕수육 – Süß-sauer frittiertes Schweinefleisch
Tteokbokki 떡볶이 – In scharfer Soße gebratener Reiskuchen
Tteokgalbi 떡갈비 – Traditionelle Hackboulette
Tteokguk 떡국 – Reiskuchensuppe, traditionelles Neujahrsgericht
Tang 탕 – Suppe
Twigim 튀김 – Frittiertes

U

Udong 우동 – Dicke Nudeln in starker Brühe
Uyu 우유 – Milch

Y

Yukgaejang 육개장 – Rinderbrühe mit Sojasprossen
Yukhoe 육회 – Rindfleischtatar

Reisepraktisches von A–Z

ADRESSEN

2014 führte das Ministerium für Sicherheit und öffentliche Verwaltung ein neues Adresssystem ein, bestehend aus neuen Straßennamen und einer fortlaufenden Hausnummer. Entsprechende einheitliche Schilder an den Häusern vereinfachen die Orientierung erheblich. Das komplizierte alte Seouler Adresssystem, eine Kombination aus Bezirk und Grundbuchnummer, war noch ein Relikt aus der japanischen Kolonialzeit.

ANREISE

MIT DEM FLUGZEUG

Flüge aus Europa landen auf dem internationalen Flughafen Incheon (ICN, www.airport.kr/eng). Es gibt von Deutschland aus tägliche Direktflüge aus Frankfurt, von München wird Seoul sechsmal pro Woche direkt bedient. In Seoul befinden sich die Flugsteige für internationale Flüge (Gate 101–132) in einem separaten Terminal (Concourse), das mit einem unterirdischen Shuttlezug mit dem Hauptterminal verbunden ist. Sie sollten dafür 15 Min. extra berechnen.

VOM FLUGHAFEN IN DIE STADT

Die beliebteste Verbindung zwischen Flughafen und Stadt sind die Airportbusse, die auf 31 Routen alle Stadtteile anfahren. Infos und Fahrkarten gibt es auf Ebene 1 neben den Ausgängen 4 und 11. Die Preise liegen zwischen 10 000 und 16 000 Won, Fahrzeit ungefähr 60–90 Min., Abfahrt alle 10–20 Min.Von der Ebene B1 (Transportation Center) verkehrt ein Nonstop-Expresszug (http://english.arex.or.kr/jsp/eng/main.jsp) zum Seouler Hauptbahnhof (8000 Won, Fahrzeit 43 Min.); auf der gleichen Strecke verkehrt auch ein Normalzug (3950 Won, 53 Min).

Taxis in Richtung Seoul befinden sich auf der Ankunftsebene (1F), Plattform 6C (Standard) oder 8C (Deluxe). Ohne größere Staus beträgt die Fahrzeit 60 bis 80 Min., der Fahrpreis liegt zwischen 60 000 und 100 000 Won. Zusätzlich wird erwartet, dass der Fahrgast die Autobahngebühr von 8000 Won begleicht.

AUSKUNFT

IN DEUTSCHLAND, ÖSTERREICH UND DER SCHWEIZ

Seit 1974 unterhält die Korea National Tourism Organization – KNTO ein Büro in Frankfurt, das in den deutschsprachigen Raum vielfältiges Informationsmaterial versendet.

Baseler Str. 35–37, 60329 Frankfurt • Tel. 0 69/23 32 26 • E-Mail: ktoff@euko.de

IN SEOUL

In den von Ausländern oft besuchten Vierteln Myeongdong und Gangnam gibt es 28 Tourist-Infos, die mit hilfreichen Auskünften zur Seite stehen. Außerdem gibt es an zwölf weiteren Orten in Seoul die sogenannten »moving tourist information centers«.

– Myeong-dong Tourist Information Center • Jung-gu • 66, Eulji-ro • Tel. 7 78 03 33 • U-Bahn: Euljiro 1(il)-ga (Linie 2), Ausgang 5 • tgl. 9–21 Uhr • www.visitseoul.net ▸ S. 117, E 4

– Gangnam Tourist Information Center • Gangnam-gu • 161, Apgujeong-ro • Tel. 34 45 01 11 • U-Bahn: Apgujeong (Linie 3), Ausgang 6 • tgl. 9–21 Uhr • http://kr.tour.gangnam.go.kr ▸ Klappe vorne, d 4

– Incheon International Airport Tourist Information Center • Ausgang 5 und 10 • Tel. 03 27 43 32 70 • tgl. 7–22 Uhr

BUCHTIPPS

Korean Book Service (www.koreanbook.de) ist ein europaweiter Spezialist für koreanische Literatur mit vielen interessanten Titeln in deutscher, englischer und koreanischer Sprache.

Ulf Meyer: Architectural Guide Seoul (antæusverlag, 2014). Die faszinierende Architektur Seouls wird an 200 ausgesuchten Objekten auf Englisch beschrieben.

Jan Janowski: Fettnäpfchenführer Korea. Auch ein Affe fällt mal vom Baum (Conbook, 2013). Ein heiterer Einblick in den koreanischen Alltag, in häufig recht ungewohnte Sitten und wie man sich vortrefflich danebenbenehmen kann.

Koreana: Koreanische Kultur und Kunst (http://koreana.or.kr). Vierteljährliches Magazin, auch als Online-Version erhältlich.

Peter Messingfeld: Abenteuer Seoul (Messingfeld, 2012). Kulturführer mit vielen hilfreichen Tipps und historischen sowie kulturellen Hintergrundinformationen zu bekannten und unbekannten Zielen in der koreanischen Hauptstadt.

DIPLOMATISCHE VERTRETUNGEN

Deutsche Botschaft ▸ S. 120, A 11

Jung-gu • 416, Hangang-daero, Seoul Square, 8. Etage • U-Bahn: Seoul Station (Linie 1), Ausgang 8 • Tel. 7 48 41 14 • www.seoul.diplo.de

Österreichische Botschaft

▸ S. 116, C 2/3

Jongno-gu • 1, Jong-ro, Kyobo Building, 21. Etage • U-Bahn: Gwanghwamun (Linie 5), Ausgang 3 • Tel. 7 32 90 71/2

Botschaft der Schweiz

▸ Klappe vorne, d 3

Yongsan-gu • 20-16, Daesagwan-ro 11gil • Tel. 7 39 95 11

FEIERTAGE

In Korea gilt grundsätzlich der Gregorianische Kalender. Einige traditionelle Feiertage werden jedoch nach dem Mondkalender berechnet. Eine Umrechnung ist auf www.asia-home.com/china/lunarsol.php?lang=en möglich.

1. Jan. Neujahr – Banken und die meisten Geschäfte sind geschlossen.

Jan. oder Feb. (19. Feb. 2015, 8. Feb. 2016, 28. Jan. 2017) Seollal (Neujahr nach dem Mondkalender) – einer der bedeutendsten traditionellen Feiertage. Drei Tage lang kommt das öffentliche Leben in Seoul und ganz Korea praktisch zum Erliegen.

1. März Tag der Unabhängigkeitsbewegung – erinnert an die Unabhängigkeitserklärung von 1919 während der japanischen Kolonialzeit. Besondere Zeremonie im Tapgol-Park.

April oder Mai (25. Mai 2015, 14. Mai 2016, 3. Mai 2017) Buddhas Geburtstag – Am achten Tag des vierten Mondmonats werden in vielen Tempeln feierliche Rituale abgehalten und Laternen aufgehängt. Am Sonntag vor dem Geburtstag finden Laternenumzüge statt. Höhepunkt ist die Lotuslaternenparade (▸ S. 45).

5. Mai Tag des Kindes.

6. Juni Volkstrauertag (Gefallenengedenktag) – mit Feierlichkeiten auf dem Nationalfriedhof.

15. Aug. Tag der Befreiung – Erinnerung an die japanische Kapitulation im Zweiten Weltkrieg und das Ende der Kolonialherrschaft 1945.

Sept. oder Okt. (26.–28. Sept. 2015, 14.–16. Sept. 2016, 3.–5. Okt. 2017)

Chuseok (Erntedankfest) – der wichtigste traditionelle Feiertag wird drei Tage lang gefeiert. Die Hauptstadt ist nahezu menschenleer, da viele Koreaner an ihren Geburtsort bzw. zu ihren Eltern fahren.

3. Okt. Staatsgründungstag – erinnert an die Gründung des Königreichs Go-Joseon 2333 v. Chr. durch den legendären Gottkönig Dangun.

9. Okt. Tag des Hangeul – Gedenktag zur Erinnerung an die Erfindung des koreanischen Alphabets.

Besondere Tage

Diese Tage sind nicht gesetzlich festgelegt, nehmen im koreanischen Leben aber eine wichtige Stellung ein.

Jan. Tag des großen Vollmonds – am 15. Tag des ersten Mondmonats schützen besondere Speisen und Rituale vor Unglück und Unheil.

5. April Tag des Baums – nach dem Koreakrieg 1950–1953 war das Land verwüstet, und die Wälder waren zerstört. Nach altem Glauben gedeiht alles besonders gut, was an diesem Tag gepflanzt wird. Man gedenkt deshalb am 5. April des erfolgreichen Aufforstungsprogramms. Dieser Tag wird gerne für offizielle und private Pflanzaktionen genutzt; war bis 2004 ein gesetzlicher Feiertag.

1. Mai Tag der Arbeit – kein gesetzlicher Feiertag, trotzdem bleiben die meisten Banken und Firmen geschlossen.

8. Mai Elterntag (früher Muttertag) – Kinder bezeugen ihren Eltern Liebe und Respekt.

15. Mai Tag der Lehrer – in der konfuzianischen Gesellschaft nahmen Lehrer eine besondere Stellung ein. Auch heute noch erweisen die Eltern mit ihren Kindern den Pädagogen an diesem Tag ihren Respekt.

Juni Dan-O-Tag Dan-O (doppelte fünf) – am fünften Tag des fünften Mondmonats, noch vor Beginn der großen Hitze, begrüßt man den Sommer mit ausgelassenen Spielen.

17. Juli Tag der Verfassung – erinnert an die Verkündung der Verfassung 1948; ist seit 2008 kein gesetzlicher Feiertag mehr.

9. Okt. Tag des Hangeul – der Ursprung liegt im 1926 gegründeten Gagya-Tag, der gegen die Unterdrückung der koreanischen Schrift und Sprache durch die Japaner aufrief. An vielen Sehenswürdigkeiten finden Mitmach-Vorführungen statt.

GELD

1000 Won	0,72 €/0,88 SFr
1 €	1389 Won
1 SFr	1142 Won

Die Basiseinheit der koreanischen Währung ist der Won (KRW). Scheine sind zu 50 000, 10 000, 5000 und 1000 Won in Umlauf. Der größte verfügbare Schein zu 50 000 Won stellt einen Gegenwert von weniger als 35 € dar. Größere Beträge werden deshalb bevorzugt mit Scheck oder Kreditkarte bezahlt. Münzen gibt es zu 10, 50, 100 und 500 Won.

Geldautomaten sind überall in Seoul problemlos zu finden. An Maschinen, die mit »Global ATM« gekennzeichnet sind, funktioniert die Geldausgabe meistens ohne Probleme. Der maximale Auszahlungsbetrag beträgt 700 000 Won (ca. 500 €). An vielen Automaten liegt der Höchstbetrag allerdings deutlich niedriger. Trotz entsprechender Aufkleber mit den akzeptierten Kreditkarten und einer Menüführung in Englisch erkennen viele nicht mit »Global

ATM« gekennzeichnete Automaten ausländische Karten nicht an.

Kreditkarten werden fast überall akzeptiert. Ausgenommen davon sind Marktstände und Imbissbuden sowie sehr kleine Geschäfte und Restaurants abseits touristischer Ziele.

Geldinstitute sind Montag bis Freitag von 9.30–16 Uhr geöffnet. Dort können Reiseschecks und Devisen eingetauscht werden. Die Einfuhr von Devisen im Wert von über 10 000 US-Dollar ist erklärungspflichtig.

INTERNET

www.visitseoul.net
http://german.visitkorea.or.kr

KLEIDUNG

Von etwa Mitte April bis Ende Mai und Mitte September bis Ende Oktober braucht man kurz- oder langärmelige Hemden oder Blusen und leichte Hosen, nach Einbruch der Dunkelheit eine warme Jacke.

In der heißen Sommerzeit von Juni bis August empfehlen sich vor allem T-Shirts, kurze Hosen oder Röcke. Bei förmlichen Anlässen ist eine nicht zu legere Kleidung angebracht.

Vom späten November bis zum frühen März ist es sehr kalt. Besonders im Januar und Februar benötigt man Handschuhe, Schal und Mütze.

MEDIZINISCHE VERSORGUNG

Für die Einreise nach Korea sind keine besonderen Impfungen notwendig. Die hygienischen und gesundheitlichen Verhältnisse sind gut und verlangen ebenfalls keine speziellen Vorsorgeimpfungen.

KRANKENHÄUSER

Die ärztliche Versorgung entspricht westlichen Standards. In den meisten Kliniken wird zumindest etwas Englisch gesprochen.

Severance Hospital

Tel. 22 28 58 00 • www.yuhs.or.kr/en
– Seodaemun-gu • 50-1, Yonsei-ro
▸ Klappe vorne, a 2
– Gangnam-gu • 211, Eonju-ro
▸ Klappe vorne, e 5

Asan Medical Center

▸ Klappe vorne, östl. f 4

Songpa-gu • 88, Olympic-ro 43-gil • Tel. 30 10 50 01 • http://eng.amc.seoul.kr

Samsung Medical Center

▸ Klappe vorne, östl. f 5

Gangnam-gu • 81, Irwon-ro • Tel. 34 10 02 00 • www.samsunghospital.com

Seoul National University Hospital International Clinic ▸ S. 118, C 5

Jongno-gu • 28, Yeongeon-dong • Tel. 20 72 28 90/05 05 • www.snuh.org/english

APOTHEKEN

Apotheken (durch den Schriftzug 약 gekennzeichnet) sind in fast jeder Straße zu finden. Sie öffnen spätestens um 10 Uhr und sind oft bis 23 Uhr geöffnet. Über 500 Apotheken bieten einen Nachtdienst. Infos über Nachtapotheken: Tel. 120 oder 1339 bzw. http://pharm114.or.kr.

NOTRUF

Polizei: 112
Feuerwehr: 119
Notarzt: 120 (Dasan Call Center), erst die 120 wählen, dann die 9 für Fremdsprachen, anschließend die 1 für Englisch, http://120dasan.seoul.go.kr, englischer Service tgl. 9–10 Uhr

NEBENKOSTEN

1 Tasse Kaffee	2,80–4,00 €
1 Flasche Soju	2,80 €
1 Flasche Wasser (0,3 l)	0,60–0,85 €
1 Instant-Nudelsuppe	0,50–1,00 €
1 Straßensnack	0,35–1,40 €
1 Schachtel Zigaretten	1,90–2,10 €
Öffentl. Verkehrsmittel (Einzelfahrt)	0,75–0,90 €
1 Essen im Restaurant	4,00–15,00 €

Touristeninformation und Notfall-Dolmetscherdienst: 13 30 (24 Std., Englisch, Japanisch, Chinesisch)
Notfall-Dolmetscherdienst: 1 12 (Mo–Fr 8–23, Sa, So 9–21 Uhr Englisch, Japanisch, Chinesisch, Russisch, Französisch, Spanisch, Deutsch)

ÖFFNUNGSZEITEN

Banken: Mo–Fr 9–16 Uhr
Behörden, Post, Regierungsstellen: Mo–Fr 9–18 Uhr
Einzelhandel: ab 8.30/10 Uhr bis spät abends, teilweise 24 Std.
Kaufhäuser: 10.30–20 Uhr, Dongdaemun auch 22–5 Uhr
Restaurants/Cafés: 10–23 Uhr, manchmal 24 Std.
U-Bahn: 5–1 Uhr, am Wochenende 5–24 Uhr
Bus: 5–22 Uhr, manche Linien 5–1 Uhr

POST

Briefmarken sind in den Postfilialen erhältlich. Eine Postkarte nach Mitteleuropa kostet 280 Won. Die Briefkästen in Seoul sind rot. Die Paketgebühren der koreanischen Post sind so günstig, dass es sich in vielen Fällen lohnt, auch Übergepäck zu verschicken.

REISEDOKUMENTE

Deutsche, Österreicher und Schweizer benötigen einen Reisepass, der bei der Einreise noch mindestens sechs Monate lang gültig ist. An der Passkontrolle werden biometrische Daten erfasst. Bei einem Aufenthalt bis zu 90 Tagen muss kein Visum beantragt werden.

REISEKNIGGE

Höfliches, unauffälliges Benehmen ist eine angenehme Tugend der Koreaner, die auch von Touristen erwartet wird. Der Respekt vor älteren und höher stehenden Personen ist ein wichtiger Bestandteil der Kultur. Bei der Begrüßung oder Verabschiedung (auch in Restaurants oder Geschäften) ist eine leichte Verneigung (Kopfnicken) angebracht.
Insbesondere bei formellen Essen sollte man warten, bis die höchstgestellte Person das Mahl beginnt. Bei Mahlzeiten mit Freunden und guten Bekannten wird diese Regel lockerer gehandhabt. Eine Einladung zum Trinken abzulehnen, gilt als unhöflich. Nippen Sie nur kurz am Getränk und lassen Sie es dann stehen.
Beim Essen werden Stäbchen und Löffel nicht gleichzeitig genutzt. Das nicht in Gebrauch befindliche Besteck wird dann neben Teller oder Schälchen abgelegt. Auf keinen Fall sollten die Stäbchen in den Reis gesteckt werden. Dies ist nur bei Zeremonien zur Ahnenverehrung üblich. Teller und Schälchen bleiben während der Mahlzeit auf dem Tisch.
Das Naseputzen während des Mahls gilt als sehr unhöflich, aber gerade diese Regel ist bei scharfen Gerichten von Ausländern nicht einzuhalten. Man kann sich die Nase also nur möglichst unauffällig putzen.

Falls man eingeladen wird, empfindet es der Gastgeber als Ehre, die Rechnung übernehmen zu dürfen. Besteht man darauf, selbst zu bezahlen, ist dies schon beinahe eine Beleidigung. Lieber sollte man zu gegebener Zeit eine Gegeneinladung aussprechen. Jugendliche, die gemeinsam ausgehen, zahlen allerdings üblicherweise jeder für sich selbst.

Vor dem Betreten einer Wohnung oder eines Tempels werden die Schuhe ausgezogen. In Restaurants mit niedrigen Tischen bleiben die Schuhe ebenfalls am Eingang stehen. Gegenüber älteren Menschen ist es unhöflich, sich barfüßig zu zeigen.

An Bushaltestellen, auf öffentlichen Plätzen und in öffentlichen Gebäuden sowie Restaurants, Bars und Cafés ab 110 qm ist das Rauchen verboten. Die gesetzliche Grenze für Alkoholgenuss ist 19 Jahre. Das Trinken von Alkohol in der Öffentlichkeit ist nicht verboten, aber unüblich.

Es gilt als ausgesprochen höflich, Gegenstände (z. B. Visitenkarten) mit zwei Händen zu überreichen oder entgegenzunehmen. Statt zwei Händen kann man auch die rechte Hand benutzen und die linke zur Unterstützung an den Unterarm legen.

Für den Geschäftsreisenden sind Visitenkarten unentbehrlich in Korea. Touristen mit eigenen Karten können einen besonders guten Eindruck bei Bekanntschaften hinterlassen. Eine Karte wird mit beiden Händen überreicht und entgegengenommen.

REISEWETTER UND REISEZEIT

Seoul befindet sich in der gemäßigten Zone auf 37° 35' nördlicher Breite und 127° östlicher Länge. Im Sommer kann es bis zu 40 °C heiß werden. Das Klima von Juni bis September ist feucht-schwül mit oft monsunartigen Regenfällen, insbesondere im Juli. Der August ist der heißeste Monat. Die Winter hingegen sind, überwiegend von kalten Winden aus Sibirien beeinflusst, bitterkalt und trocken. Die klimatisch angenehmsten Zeiten sind der Frühling mit der Kirschblüte im April und der Herbst mit farbigem Laub im Oktober. Tagsüber kann das Thermometer dann deutlich über 20 °C ansteigen, mit anbrechender Dunkelheit ab 17 Uhr wird es aber empfindlich kühl.

SICHERHEIT

Obwohl Seoul zu den größten Metropolen zählt, ist die Stadt eine der sichersten der Welt. Tatsächlich braucht man sich im Alltag um Taschendiebe oder gar Raubüberfälle kaum Gedanken machen.

Das westliche Frauenbild ist in Korea eine Idealvorstellung, der viele Ko-

Mittelwerte	JAN	FEB	MÄR	APR	MAI	JUN	JUL	AUG	SEP	OKT	NOV	DEZ
Tagestemperatur	1	3	9	17	23	26	29	30	26	19	11	4
Nachttemperatur	-7	-5	0	7	12	17	22	22	16	9	2	-4
Sonnenstunden	5	6	6	7	7	6	4	5	6	7	5	5
Regentage pro Monat	3	3	6	6	7	9	14	10	7	5	5	5

reanerinnen, auch mithilfe von kosmetischen Operationen, zu entsprechen versuchen. Eine allein reisende »echte« westliche Frau wird deshalb viele, meist verstohlene Männerblicke ernten, muss sich ansonsten aber kaum Sorgen um Belästigungen oder Übergriffe machen. Lediglich bei betrunkenen Männergruppen ist eine gewisse Vorsicht ratsam. Eine nächtliche Taxifahrt sollten Frauen nach Möglichkeit nicht allein unternehmen. Die größte Gefahr in Seoul geht vom Straßenverkehr aus.

STADTFÜHRUNGEN

Die KTO (http://german.visitkorea.or.kr) vermittelt ehrenamtliche Reiseführer (Goodwill-Guides), die nach Voranmeldung durch bestimmte Bereiche der Stadt führen.
Seoul City Tour Bus (www.seoulcitybus.com, www.seoultrolley.com, www.gangnamtour.go.kr) hat sechs unterschiedliche Routen im Programm, etwa Paläste in der City, Seoul Panorama, Gangnam. Darüber hinaus gibt es um 19.30 Uhr noch zwei Nachtfahrten. Startpunkte sind der Gwanghwamun-Bushalt, die Dongdaemun Design Plaza oder die Gangnam Tourist-Information.

STROM

In Seoul sind Steckdosen für 220 Volt und 60 Hertz üblich. Deutsche Stecker passen in diese Dosen, sodass keine Adapter benötigt werden.

T-MONEY CARD

Die T-Money-Card kostet einmalig 2500 Won und ist die bequemste Art, den Fahrpreis zu entrichten. Sie ist an allen U-Bahnstationen und vielen anderen Einrichtungen mit dem T-Money-Logo erhältlich. An Automaten in der U-Bahn oder entsprechenden Verkaufsstellen kann die Karte immer wieder mit beliebigen Beträgen aufgeladen werden. An den U-Bahnschleusen wird die Karte auf das Lesegerät gehalten und dadurch der Fahrpreis vom Guthaben auf der Karte abgezogen.
Beim Verlassen des U-Bahnsystems wird die Karte erneut auf das Lesegerät gelegt und ein eventueller Zusatzbetrag (bei Entfernungen von mehr als 10 km) automatisch einbehalten. Gleichzeitig wird das vorhandene Restguthaben angezeigt.
Die T-Money-Card hat außerdem den Vorteil, dass man mit ihr zwischen U-Bahn und Bus umsteigen kann – auch mehrmals. Der Fahrpreis richtet sich nach der insgesamt zurückgelegten Strecke, man muss nicht jedes Mal erneut zahlen. In Bussen befindet sich das Lesegerät am Einstieg beim Fahrer. Am Ende der Fahrt sollte man daran denken, die Karte erneut an das Lesegerät am Ausstieg zu halten, da ansonsten bei der nächsten Nutzung der Maximalfahrpreis abgezogen wird.

TELEFON

D, CH, A ▸ Korea 00 82
Korea ▸ D 00 149
Korea ▸ A 00 143
Korea ▸ CH 00 141
Seoul 2

Eine preiswerte Alternative ist der Anruf von einer Telefonzelle mit einer International Calling Card, die man in Läden nahe der Telefonzelle kaufen kann. Mit einer 10 000-Won-Karte kann man etwa drei Stunden lang nach Europa telefonieren.
Aufgrund anderer technischer Spezifikationen funktionieren zahlrei-

che westliche Mobiltelefone nicht in Korea. Es gibt am Flughafen Incheon die Möglichkeit, ein Handy für die Dauer des Aufenthalts auszuleihen.

TOILETTEN

Überall in Seoul gibt es moderne, saubere und gut ausgeschilderte Toiletten, deren Benutzung nahezu ausnahmslos kostenlos ist. Sogar auf den Wanderwegen in den Bergen gibt es WC-Anlagen. Die Sauberkeit ist erstklassig und bietet nur in den seltensten Fällen Grund für Beanstandungen. Da es in früheren Zeiten oft zu Verstopfungen der alten Abflussrohre kam, haben viele Koreaner auch heute noch die Angewohnheit, benutztes Toilettenpapier nicht hinunterzuspülen, sondern in den Papierkorb zu werfen.

TRINKGELD

Trinkgelder sind nur in seltenen Fällen üblich. Es kann sogar als Beleidigung aufgefasst werden. Wichtiger ist Höflichkeit und das Zeigen von Dankbarkeit (z. B. durch eine angedeutete Verbeugung beim Verlassen des Restaurants). Lediglich Hoteldiener und Taxifahrer erhalten etwas Kleingeld – aber nur wenn sie beim Gepäck helfen. Große Hotels und Restaurants erheben einen Servicezuschlag von 10 %.

VERKEHR

AUTO/MIETWAGEN

Die Autovermieter Hertz (www.ktkumhorent.com) und AVIS (http://avis.co.kr) sind in Seoul am Flughafen und an etwa zwei Dutzend weiteren Standorten vertreten. Um ein Auto zu mieten, muss man mindestens 21 Jahre alt sein und einen internationalen Führerschein vorweisen. Aufgrund des sehr starken Verkehrsaufkommens und des geringen Parkplatzangebots ist das Selbstfahren nur bedingt empfehlenswert. Als Alternative bietet es sich an, über die Hotelrezeption einen Wagen mit Chauffeur zu mieten (ca. 60–70 €/3 Std.).

FAHRRAD

In den weitläufigen Parks und entlang des Hangang und seiner Zuflüsse macht das Radfahren Spaß. Unterwegs mit dem Drahtesel im Seouler Verkehr verlangt Mut und bedingt durch die vielen Hügel eine gute Kondition. In den umliegenden Bergen gibt es viele Mountainbike-Strecken. Etwa seit Mitte des letzten Jahrzehnts entdecken immer mehr Koreaner ihre Liebe zum Fahrrad, was sich in der zunehmenden Anzahl entsprechender Geschäfte und Mietstationen niederschlägt. Ein nationales Radwegenetz befindet sich im Aufbau.
Die Stadtverwaltung wie auch eine Reihe von lokalen Bezirksregierungen haben (teilweise kostenlose) Verleihstationen mit gut fahrbaren Rädern eingerichtet. Bislang ist der Anmeldevorgang nur in Koreanisch beschrieben, sodass es sprachkundiger Hilfe bedarf, um ein entsprechendes Rad auszuleihen.

ÖFFENTLICHE VERKEHRSMITTEL

Einfache Orientierung, Sauberkeit und Zugfolgen von wenigen Minuten machen das **U-Bahnnetz** zum schnellsten und bequemsten Fortbewegungsmittel, mit dem man fast alle Ziele innerhalb der Stadt und auch zahlreiche Trabantenstädte erreichen kann. Lediglich die vielen Treppen und manchmal langen Umsteigewege können ermüdend sein. Besonders

auf der Linie 2 kann es zu den Hauptverkehrszeiten sehr eng werden.
Eine einfache Fahrt kostet 1150 Won (1050 Won mit der T-Money-Card). Für das Einzelticket wird außerdem ein Pfand von 500 Won berechnet, das man am Ende der Fahrt nach Einwurf der Karte in einen entsprechenden Automaten zurückerhält.
Das Seouler **Bussystem** ist ebenfalls sehr gut ausgebaut, man kann praktisch jedes Ziel in der Stadt erreichen. Das Netz ist so umfangreich, dass es keine Karte mit einem Streckenplan wie bei der U-Bahn gibt. An den Haltestellen hängen zwar Pläne, auf denen alle angefahrenen Ziele aufgelistet sind, aber nur die markantesten Stopps sind in lateinischer Schrift aufgeführt. Ohne Hilfe ist es schwierig, den richtigen Bus zu finden.
Eine Orientierungshilfe bietet die Farbe der Busse: rot = Expressbusse in die Vororte Seouls; blau = Verbindungsbusse zwischen einzelnen Stadtteilen und dem Zentrum; grün = Distriktbusse fahren innerhalb eines Stadtbezirks und verbinden die U-Bahnstationen eines bestimmten Bereichs; gelb = Zirkelstreckenbusse fahren einen Rundkurs innerhalb wichtiger Stadtgebiete und verbinden Hauptgeschäftsviertel miteinander.

TAXI

Taxis macht man durch Winken auf sich aufmerksam. Taxistände befinden sich an U-Bahnstationen und in Geschäftsvierteln. Es gibt die preiswerten weißen oder silbernen Taxis und die teureren schwarzen Luxustaxis (hier sprechen die Fahrer oft Englisch). Seit 2009 versucht die Stadtverwaltung die Farbe Orange für Taxis zu etablieren, um damit eine Ikone für Seoul, ähnlich den »Yellow Cabs« in New York, zu schaffen. Die Grundgebühr für die ersten 2 km beträgt 3000 Won, für jeweils weitere 140–150 m oder 30–40 Sekunden werden 100 Won berechnet. Zwischen Mitternacht und 4 Uhr wird ein Zuschlag von 20 % erhoben. Bei Luxustaxis beträgt die Grundgebühr 5000 Won, weitere 150–170 m oder 30–40 Sekunden kosten 200 Won, der Nachtzuschlag entfällt.

ZEITUNGEN UND ZEITSCHRIFTEN

Englischsprachige Zeitungen sind »The Korea Herald« (www.koreaherald.com), »The Korea Times« (www.koreatimes.co.kr), »The Chosunilbo« (http://english.chosun.com) und »Korea Joongang Daily« (http://english.chosun.com). Das Monatsmagazin »Seoul« (http://magazine.seoulselection.com) widmet sich aktuellen touristischen Themen.

ZEIT

Seoul ist der mitteleuropäischen Zeit um 8, während der Sommerzeit um 7 Stunden voraus.

ZOLL

Reisende dürfen Waren im Wert von 600 US-Dollar zollfrei nach Korea bringen, 1 l Alkohol (Wein, Bier oder Hochprozentiges, nur Reisende über 20 Jahre), 200 Zigaretten und 50 Zigarren (Reisende über 19 Jahre) sowie zwei Unzen Parfüm.
Bei der Ausreise müssen Geldmengen über 10 000 US-Dollar, egal in welcher Währung, deklariert werden. Gegenstände, die zum koreanischen Kulturerbe gehören, dürfen nicht ausgeführt werden. Weitere Auskünfte gibt es unter www.zoll.de, www.bmf.gv.at/zoll und www.zoll.ch sowie unter www.customs.go.kr.

Kartenatlas

Maßstab 1:9000

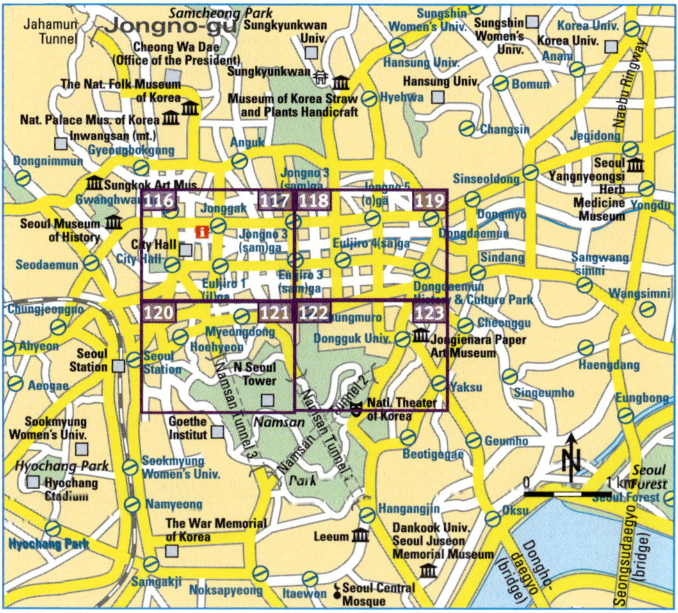

Legende

Sehenswürdigkeiten

- MERIAN-TopTen
- MERIAN-Tipp
- Sehenswürdigkeit, öffentl. Gebäude
- Sehenswürdigkeit Kultur
- Sehenswürdigkeit Natur
- Kirche; Kloster
- Moschee
- Museum
- Markt

Sehenswürdigkeiten ff.

- Information
- Theater
- Post
- Nationalpark
- Quelle/Spa
- Strand
- Sumpf
- Höhle
- Tempel
- UNESCO-Welterbe

Verkehr & Sonstiges

- Autobahn
- AB-ähnliche Str.
- Fernverkehrsstraße
- Hauptstraße
- Nebenstraße
- Bahn
- Fähre
- Flughafen, Flugplatz
- U-Bahnhof
- Landesgrenze
- Provinzgrenze

In den Karten sind die Bezeichnungen auf Englisch angegeben.

A
B
C
1
2
3
4
Gyeongbokgung Palace
Nat'l Palace Museum of Korea
Geunjeongjeon
Gwanghwamun Gate
Gallery Hyundai
Kumho Museum of Art
Samcheong-ro
Jahamun-ro
Hyojaro
Sajik-ro
Line 3
Gyeongbokgung
Korea Productivity Center
Saemunan-ro 5-gil
Government Complex-Seoul
Gwanghwamun Citizens Square
Sejongno Park
Sejong-daero
Nat'l Museum of Korean Contemporary History
Leema Bldg.
Saemunan-ro 3-gil
Sejong Center for the Performing Arts
Gwanhwamun Square
Embassy of the United States
Gwanghwamun
Line 5
Kyobo Bldg.
Embassy of Australia, Austria, Finland
Statue of Admiral Yi Sun-Shin
Kumho Art Hall
Saemunan-ro
Kyobo Book Store
Line 1
Jong-ro 1-ga
Cine Cube
Airport Shuttle
Ilmin Museum of Art
Cheonggye Plaza
Donghwa Duty-Free Shop
Seoul Tourist Inform. Center
Cheonggyecheon-ro
Mojeongyo (bridge)
Shinhan Museum
Jeong-dong
Seoul Finance Center
Korea Tourism Organization
Chosun Ilbo Gallery
Press Center
Seoul Metropolitan Council
Cecil
Seoul Cathedral Anglican Church of Korea
Seoul City Hall
Deoksugung Palace
Jeongdong Theater
Line 2
Eulji-ro 1-ga
Jeongdong-gil
Gungjung Museum
Seoul Plaza
Nat'l Museum of Contemporary Art, Deoksugung
City Hall
Daehanmun Gate
Chase Bldg.
Gwangmyeongmun Gate
Lotte Dept. & Duty Free
Airport Shuttle
Baejae Park
Seoul City Hall Seosomun Bldg.
Sogong Underground Shopping Center
Seoul Museum of Art
Hyeonam Memorial Hall
Sejong-daero 18-gil
120
7
10
6
9

↑ 4 Bukchon-Hanok-Dorf, 5 Bukhansan-Nationalpark

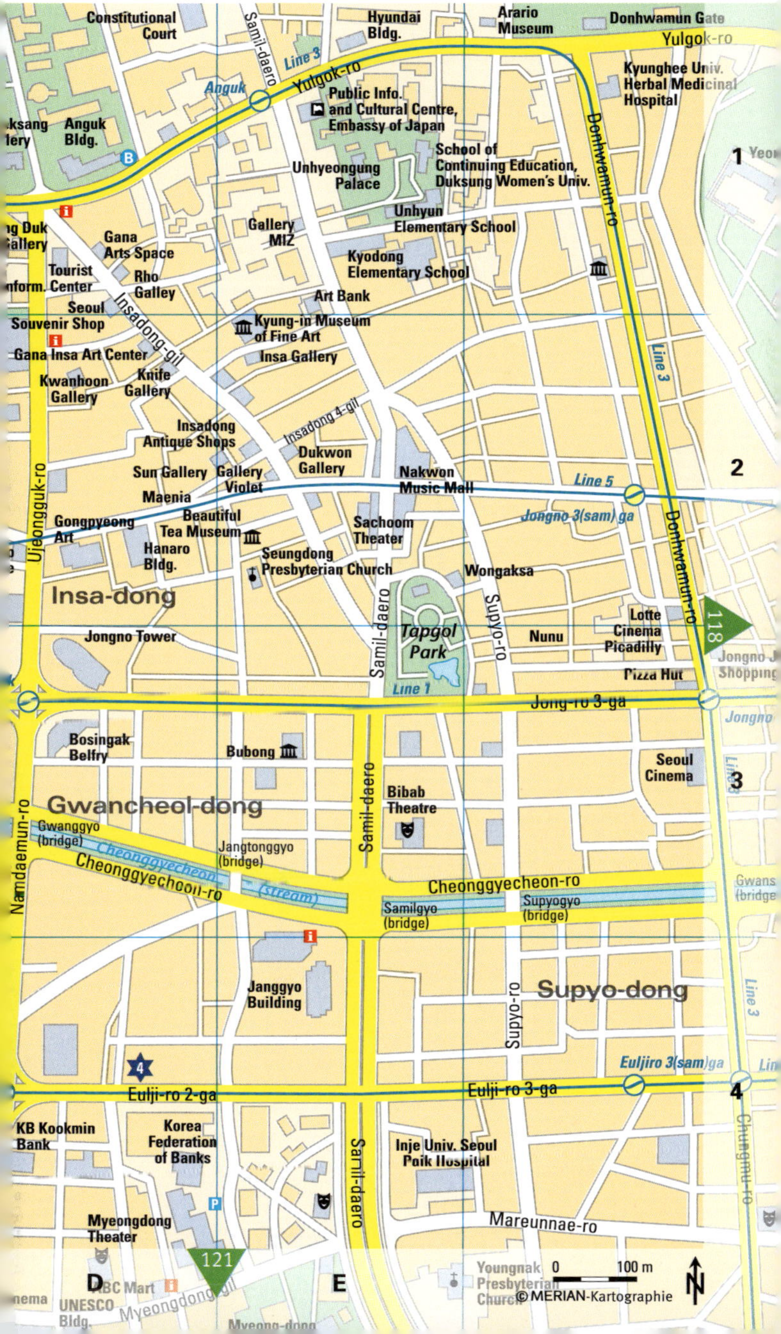

A
B
C
8 Munmyo-Schrein
hwamun Gate
Yulgok-ro
Myeongjeongjeon
Changgyeonggung-ro
Seoul Nat'l Univ. Hospital
yunghee Univ. erbal Medicinal ospital
5
Yeongnyeongjeon
Yulgok-ro
Jongmyo Shrine
Dongsulla-gil
Changgyeonggung
Hyoje-dong
Line 3
Changgyeonggung-ro
Kimsangok-ro
Royal
Jong-ro 31-gil
6
Donhwamun
Hyehwa Police Station
Line 5
Dongsulla-gil
Jongmyo Park
Jongno Catholic Church
Lotte ema dilly
117
Jongno Jewelry Shopping Street
Jongmyo Citizens Plaza
izza Hut
Line 1
Jong-ro 5ga
Jong-ro 4-ga
Jongno 3(sam)ga
Gwangjang Market
Seoul Cinema
7
Line 3
Cheonggyecheon-ro
Saebyeok (bridge)
Jongno Sewoon Shopping Mall
Seungyo (bridge)
Baeogaedari (bridge)
Gwansugyo (bridge)
Cheonggyecheon-ro
Jugyo-dong
Line 5
Bangsan Market
dong
Line 3
Euljiro 4(sa)ga
Line 2
Eulji-ro 5-ga
uljiro 3(sam)ga
Line 2
Euljiro Underground Sho
8
Eulji-ro 4-ga
Gukdo Art Cinema
Jungb Marke
Chungmu-ro
Myoungbo Art Hall
Line 5
Mareunnae-ro
Mareunnae-ro
Changgyeonggung
122
A
B
C
Ojang-dong

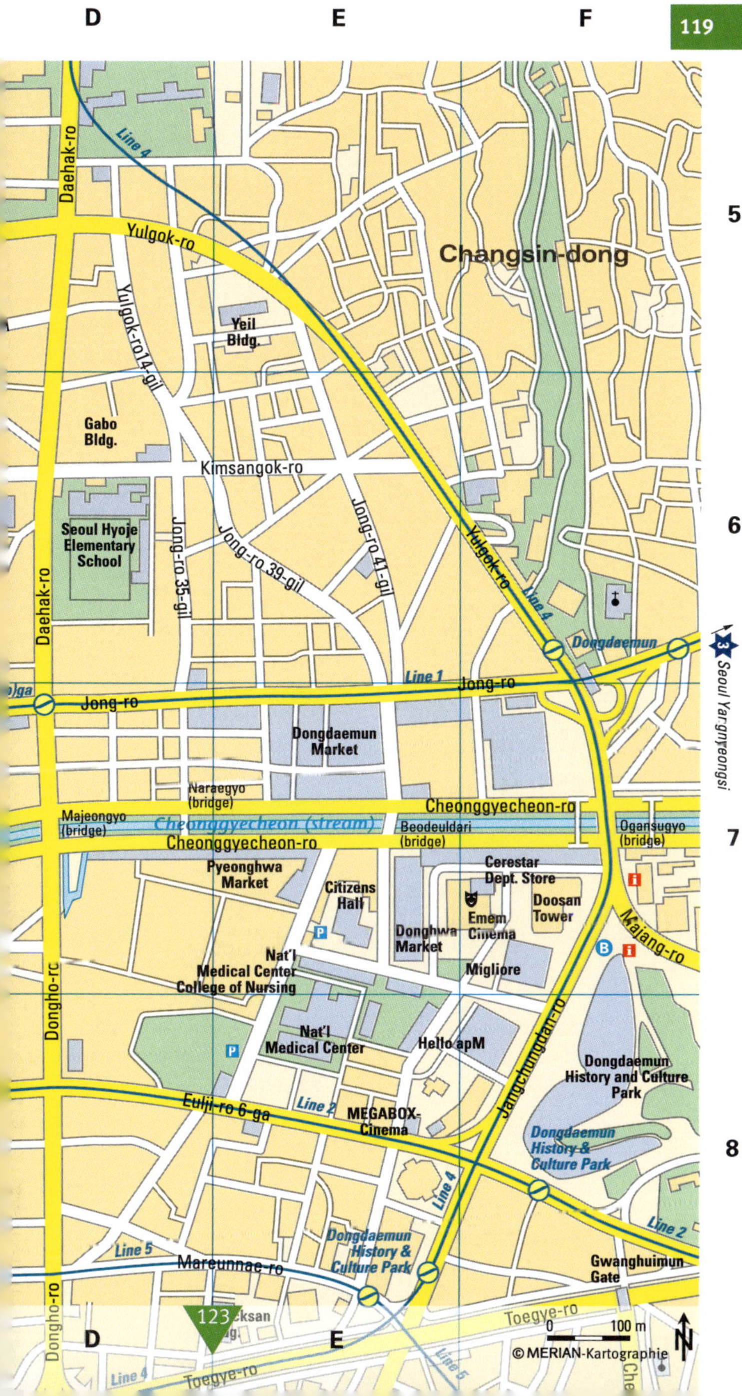
D
E
F
5
6
7
8
Daehak-ro
Line 4
Yulgok-ro
Changsin-dong
Yulgok-ro14-gil
Yeil Bldg.
Gabo Bldg.
Kimsangok-ro
Seoul Hyoje Elementary School
Jong-ro 35-gil
Jong-ro 39-gil
Jong-ro 41-gil
Dongdaemun
Line 1
Jong-ro
Dongdaemun Market
Naraegyo (bridge)
Majeongyo (bridge)
Cheonggyecheon (stream)
Cheonggyecheon-ro
Beodeuldari (bridge)
Ogansugyo (bridge)
Pyeonghwa Market
Citizens Hall
Cerestar Dept. Store
Doosan Tower
Emem Cinema
Donghwa Market
Migliore
Majang-ro
Nat'l Medical Center College of Nursing
Nat'l Medical Center
Hello apM
Jangchungdan-ro
Dongdaemun History and Culture Park
Dongho-ro
Eulji-ro 6-ga
Line 2
MEGABOX-Cinema
Dongdaemun History & Culture Park
Line 5
Mareunnae-ro
Gwanghuimun Gate
Toegye-ro
0
100 m
© MERIAN-Kartographie
N
3 Seoul Yangnyeongsi
123

A
B
C
116
9
10
11
12
Jeongdong-gil
Gungjung Museum
Nat'l Museum of Contemporary Art
Deoksugung
Daehanmun Gate
Gwangmyeongmun Gate
Eulji-ro 1-ga
Seoul Plaza
City Hall
Lotte Dept. St & Duty Free S
Lotte Avenuel
Sogong Underground Shopping Center
Airport Shuttle
Ohaeg Bldg.
Baejae Park
Seoul Museum of Art
Seoul City Hall Seosomun Bldg.
Hyeonam Memorial Hall
Line 2
Sejong-daero 18-gil
Sogong-ro
Bukchang-dong
Lotte Young Plaza
Seosomun-ro
Line 1
Sejong-daero
Myeong Undergr Shopping
Bank of Korea Money Museum
Namdaemun Underground Shopping Center
Bank of Korea
Central Post Office
Rodin Gallery
Korea Chamber of Commerce & Industry
Namdaemun-ro
Mesa
Saerona Shopping Center
Shinsegae Dept. Store
Chilpae-ro
Sungnyemun
Namdaemun Market
Toegye-ro
Sowol-ro
Heohyeon
Line 4
Yonsei Foundation
KAL Duty-Free Shop
Sopa-ro
Namdaemun Prebysterian Church
Embassy of Germany
Seoul Station
Statue of Kim Koo
Baekbum Square
Sowol-ro 3-gil
Seoul Institu of Science E
Patriot Ahn Jung-geun Memorial Hall
Namsan Botanica Garden
Hangang-daero
Dongja-dong
Yongsan Public Library
7

Eulji-ro 2-ga
Eulji-ro 3-ga
D
E
F
117
KB Kookmin Bank
Korea Federation of Banks
Inje Univ. Seoul Paik Hospital
Samil-daero
Mareunnae-ro
Myeongdong Theater
Youngnak Presbyterian Church
ABC Mart
UNESCO Bldg.
Myeongdong-gil
Myeong-dong Cathedral
9
NANTA Theatre
Scala Theatre
Supyo-ro
Seoul Global Culture & Tourism Centre
Gyeseong Girl's High School
Haechi Hall
Myeong-dong
Chungmu-ro
Kukdong Bldg.
Migliore
Myeong-dong
Cinema
Line 4
Toegye-ro
Toegye-ro
Line 4
Myeongdong
Seoul Institute of the Arts
10
Chung-ang Univ. Hospital
The Republic of Korea Nat'l Red Cross, Seoul Chapter
Spa-ro
Seoul Animation Center
Soongeui Women's College
122
Diplomatic Club
Soongeui Concert Hall
Namsan Creative Center
Sopa-ro
11
Namsangongwon-gil
Yejang-dong
Namsangongwon-gil
Namsan Cable Car
Namsan Park
12
Namsan Tunnel 3
Namsan Mountain
260m
8
Summit Station
D
E
0
100 m
N

Eulji-ro 4-ga
Gukdo Art Cinema
Jungbu Market
A
B
C
118
Art Hall
Mareunnae-ro
Chungmu-ro
Changgyeonggung-ro
Line 5
13
Ojang-dong
Scala Theatre
Toegye-ro
Line 4
Cheil General Hospital & Woman's Healthcare Center
Chungmuro
Line 3
Daehan Cinema
14
Chung-ang Univ. Hospital
Korea House
2
Exhibition Hall of Traditional Handicrafts
Namsamgol Hanok Village
121
Seoul Namsan Traditional Theater
Time Capsule Square
Dongguk Univ.
15
Jangchung-dong
Namsangongwon-gil
Namsan Tunnel 2
16
Namsan Tunnel 1
Nat'l Theatre of Korea
A
B
6
C

D
E
F
119
Cinema
Dongdaemun History & Culture Park
Line 4
Line 2
Line 5
Mareunnae-ro
Dongdaemun History & Culture Park
Gwanghuimun Gate
Byocksan Bldg.
Toegye-ro
Dongho-ro
Line 4
Toegye-ro
Line 5
Cheonggu-ro
Jangchungdan-ro
Taikwang Bldg.
Jangchung Church
Line 3
Dongguk Univ.
Dongho-ro
Statue of the Reverend Samyeong
Jangchung Gymnasium
Jangchungdan Park
Shilla Duty-Free Shop
Statue of Yi Jun
Jangchungdan-ro
Line 3
Jangchung Little Baseball Field
Dongho-ro
Dasan-ro
Yaksu
Line 6
Hyundai Bldg.
Itaewon-ro
13
14
15
16
D
2 Gangnam, 5 Bongeunsa-Tempel
0 100 m
N

Kartenregister

Orts- und Sachregister

Wird ein Begriff mehrfach aufgeführt, verweist die **fett** gedruckte Zahl auf die Hauptnennung, eine *kursive* Zahl auf ein Foto.
Abkürzungen:
Hotel [H]
Restaurant [R]

Liebe Leserinnen und Leser,
vielen Dank, dass Sie sich für einen Titel aus unserer Reihe MERIAN *live!* entschieden haben. Wir freuen uns, Ihre Meinung zu diesem Reiseführer zu erfahren. Bitte schreiben Sie uns an merian-live@travel-house-media.de, wenn Sie Berichtigungen und Ergänzungen haben – und natürlich auch, wenn Ihnen etwas ganz besonders gefällt.

Alle Angaben in diesem Reiseführer sind gewissenhaft geprüft. Preise, Öffnungszeiten usw. können sich aber schnell ändern. Für eventuelle Fehler übernimmt der Verlag keine Haftung.

SEOUL METROPOLITAN GOVERNMENT

Seoul TOURISM ORGANIZATION

Wir danken dem Seoul Metropolitan Government sowie der Seoul Tourism Organization für die Unterstützung.

BEI INTERESSE AN MASSGESCHNEIDERTEN MERIAN-PRODUKTEN:
Tel. 0 89/4 50 00 99 12
veronica.reisenegger@travel-house-media.de

TRAVEL HOUSE MEDIA

Ein Unternehmen der
GANSKE VERLAGSGRUPPE

TRAVEL HOUSE MEDIA
Postfach 86 03 66
81630 München
merian-live@travel-house-media.de
www.merian.de

1. Auflage

VERLAGSLEITUNG
Dr. Malva Kemnitz
REDAKTION
Sonja Harder, Simon Pause
LEKTORAT
Ewald Tange, tangemedia, München
BILDREDAKTION
Tobias Schärtl
SCHLUSSREDAKTION
Dr. Anita Meschendörfer, Nayoung Lee
SATZ
Ewald Tange, tangemedia, München
REIHENGESTALTUNG
Independent Medien Design, Elke Irnstetter, Mathias Frisch
KARTEN
Gecko-Publishing GmbH für MERIAN-Kartographie
DRUCK UND BINDUNG
Firmengruppe APPL, aprinta druck, Wemding

PEFC
PEFC/04-32-0928

BILDNACHWEIS

Titelbild (Cheonggyecheon-Flüsschen in Seoul), mauritius images/John Warburton-Lee
Caro: Kruppa 31 • Corbis 7m, 16, 46, 50, Inigo Bujedo Aguirre/View 59, Steven Vidler/Eurasia Press 10/11, Topic Photo Agency 7o, 80 • dpa Picture-Alliance/Julie Jackson 88 • fotolia.com/artapornp 9m • Franz Sußbauer 6, 62, 85 • Getty Images 36, Kim Jae-Hwan/AFP 42, Manfred Gottschalk/Collection: Lonely Planet 48/49 • GlowImages: AsiaImages 32, Superstock RM 28 • laif: David Ducoin/Gamma-Rapho 4, 55, Gladieu/Le Figaro Magazine 39, 74, 96/97, Pierre Bessard/Rea 2, The New York Times/Redux 8, 56 • look-foto 82/83 • Lotte World 12 • Marcus Pfeiffer 93 • mauritius images/John Warburton-Lee 77 • Peter Messingfeld 9u, 35, 64, 67, 68 • Prisma/Topic Photo Agency 27 • Reuters/Han Jae-ho 23 • Seoul Metropolitan Government 44 • shutterstock.com/Calvin Chan 87, meunierd 7u, 70 • vario images/TipsImages 9o • Visum/Panos Pictures 98